“十三五”国家重点图书出版规划项目
中央高校基本科研业务费专项资金资助

独联体国家反恐怖主义法

汪金国　译

蘭州大學出版社
LANZHOU UNIVERSITY PRESS

图书在版编目（C I P）数据

独联体国家反恐怖主义法 / 汪金国译. -- 兰州 :
兰州大学出版社, 2023.3
（中亚与西北边疆研究丛书）
ISBN 978-7-311-06459-4

Ⅰ. ①独… Ⅱ. ①汪… Ⅲ. ①独联体－反恐怖活动－
国家安全法 Ⅳ. ①D936.021.4

中国国家版本馆CIP数据核字(2023)第067101号

责任编辑　马继萌
封面设计　张友乾　程潇慧

书　　名　独联体国家反恐怖主义法
作　　者　汪金国　译
出版发行　兰州大学出版社　（地址:兰州市天水南路222号　730000）
电　　话　0931-8912613(总编办公室)　0931-8617156(营销中心)
网　　址　http://press.lzu.edu.cn
电子信箱　press@lzu.edu.cn
印　　刷　西安日报社印务中心
开　　本　710 mm×1020 mm　1/16
印　　张　10.75
字　　数　163千
版　　次　2023年3月第1版
印　　次　2023年3月第1次印刷
书　　号　ISBN 978-7-311-06459-4
定　　价　38.00元

目录

阿塞拜疆共和国反恐怖主义法

（1999年6月18日阿塞拜疆共和国法律第687-1Г号）

本法确定阿塞拜疆共和国反恐怖主义的法律和组织基础，协调反恐怖主义的国家机关的活动，巩固国家机关和公民的权利和义务。

第一章　总则

第一条　基本概念

本法使用以下概念：

恐怖主义——实施引起民众大规模灭绝的行动或威胁实施类似的行动，造成民众肉体伤害或健康的其他损害，或毁灭（损毁）民众财产或其他旨在破坏公共安全、在民众中制造恐慌或达到让国家政权机关做出有利于恐怖分子决定的其他严重后果的行动。

恐怖分子——参与实施任何形式恐怖活动的人员。

恐怖团伙——两个及其以上旨在实施恐怖活动人员的团体。

恐怖组织——为了实施恐怖活动而创建或认为有可能在其活动中使用恐怖主义的组织。如果某一组织的分支之一经组织任一领导机关同意而开展恐怖活动，则该组织即被认为是恐怖组织。

反恐怖主义——与查明、预防恐怖活动，或尽量降低因恐怖活动而可能造成的损害相关联的活动。

反恐怖行动——为了预防恐怖袭击、保障自然人的安全、解除武装、终止恐怖分子侵害，以及尽量降低因恐怖袭击可能造成的损害而采取的专门措施。

反恐怖行动区域——正在实施行动的领土范围或个别水区、运输工具、大楼、建筑、设施、住宅和与之相邻接的领土或水区。

恐怖活动——与组织、策划、筹备和实施恐怖袭击，为达恐怖目的以暴力强迫自然人和法人毁灭或损毁物质目标，创建旨在实施恐怖袭击的非法武装团体、犯罪团伙等相关联的袭击，以及与参加这些恐怖袭击、招募人员参与恐怖主义，武装、培训和利用他们，蓄意资助恐怖组织或恐怖团伙或向其提供其他帮助等相关联的活动。

国际恐怖活动——恐怖分子或恐怖组织在数个国家领土上实施的，或与给数个国家的利益造成损害的犯罪，与某人在其所属国领土上，或在另一国领土上实施的犯罪相关联的活动，此时恐怖分子，或遭遇恐怖主义的人员是身处该国领土以外的一国或不同国家公民。

第二条　反恐怖主义法

反恐怖主义法由阿塞拜疆共和国宪法、阿塞拜疆共和国批准的国家间条约、本法和阿塞拜疆共和国其他法律文件构成。

第三条　反恐怖主义的目的

阿塞拜疆共和国反恐怖主义的目的如下：

（1）保障人的权利和自由、社会和国家安全；

（2）查明、预防恐怖主义，尽量降低因恐怖主义可能造成的损害；

（3）查明并清除制造和实施恐怖主义的原因和条件。

第四条　反恐怖主义的基本原则

阿塞拜疆共和国反恐怖主义基于以下原则：

（1）保障合法性；

（2）阿塞拜疆共和国法律规定对实施恐怖活动的行为予以惩罚的不可避免性；

（3）协调公开的与非公开的反恐怖主义的方法；

（4）综合运用法律的、政治的、社会经济的和有组织的预防措施；

（5）优先保护因恐怖活动而遭致危险的人的权利；

（6）纳入反恐怖行动的武装力量的管理的独立自主性；

（7）尽量降低对参与反恐怖行动的人员构成的公布，包括为达此目的所使用的技术方法和战术的公布的透明度。

第二章　反恐怖主义的组织，反恐怖行动的开展

第五条　反恐怖主义的机关

阿塞拜疆共和国执行当局相关机关通过必需的武装力量、手段保障实施对恐怖主义的打击，以及对反恐怖主义领域的领导。

阿塞拜疆共和国执行当局其他相关机关在各自职权范围内依本法参与反恐怖主义。

第六条　对反恐怖主义国家机关的协助

国家和地方自治机关（不论组织的所有权形式）、社会团体、公职人员和公民有义务协助反恐怖主义的国家机关。

向执法机关提供有关有助于查明和预防恐怖主义，以及有关有助于将这一行动可能带来的损害降全最低限度的事件的信息和消息，是每个人的义务。

第七条　对反恐怖行动的领导

为了直接和统一领导反恐怖行动，执行当局相关机关如有必要可不依性质临时（反恐怖行动期间）做出决定，创建有关管理反恐怖行动的作战指挥部（以下简称——作战指挥部），并任命该部领导。

作战指挥部的活动方式，由执行当局相关机关确认的程序予以确定。

加入反恐怖行动的个人成员：军人、职员和专家，自行动始即归作战指挥部领导管辖。

作战指挥部领导确定作战区域、反恐怖行动的特点，以及为达此目的做出使用武装力量和设施的决定。

作战指挥部领导做出其他决定，包括限制公职人员和公民的权利，旨

在部分和临时保障其在反恐怖行动区域内的安全。

反恐怖区域内所有公职人员和公民应无条件执行作战指挥部领导的命令。

在反恐怖行动期间，除创建该部执行当局相关机关的领导之外，任何人不得干涉该部领导的行动或取消其做出的决定。

第八条 对反恐怖行动提供武装力量和手段保障

为实施反恐怖行动之目的，作战指挥部将使用隶属于参与反恐怖主义执行当局相关机关的武装力量和设施。

第九条 反恐怖行动区域的法律制度

在反恐怖区域内，实施该行动的人员享有以下权利：

（1）如有必要，可采取措施，临时限制或禁止街道和道路上运输工具和行人的行动，禁止运输工具前往特定区域和目标，禁止借运输工具用以协助；

（2）查验证件，以确证公民和公职人员的身份，如无确认身份的证件，则可将这些人员扣留三日；

（3）拘捕那些旨在妨碍反恐怖行动人员合法要求行为的人员，并将其移交执行当局相关机关；

（4）在拘捕疑犯以预防恐怖行动、实施这些行动时，如果这些行动的延缓使人身和健康招致现实威胁，则可依据阿塞拜疆共和国法律确认的方式，进入公民住宅和其他居所、地界（不论社会团体、组织之领土、建筑、运输工具的所有权形式）；

（5）进入反恐怖行动区域，或撤出该区域，可依据阿塞拜疆共和国法律确认的方式，使用或不使用技术手段，查验公民、其物品、运输工具和运输工具内的物品（不含外交代表机关或领事馆的运输工具）；

（6）除外交代表机关或领事馆的通信工具和运输工具之外，为公务之目的使用属于公民、组织、社会团体的通信工具和运输工具（不论所有权形式）；

大众传媒工作者在反恐怖行动区域内的活动，由作战指挥部领导确定。

第十条　与恐怖分子进行谈判

为达查明民众生命和健康条件之保护、物品之价值，以及预防恐怖活动之目的，容许与恐怖分子进行谈判。

唯有作战指挥部领导全权委任的人员，方可容许与恐怖分子进行谈判。

在与恐怖分子谈判期间，作为条件，为达终止恐怖活动之目的，禁止将任何人违其意愿移交给恐怖分子，禁止执行政治要求，以及禁止提供危及人身和健康的武器和其他工具。

与恐怖分子进行谈判，无法成为免于追究其完成阿塞拜疆共和国法律规定的行动的责任的理由。

第十一条　让社会舆论知情恐怖袭击

在实施反恐怖行动期间，社会舆论充分获取有关作战指挥部领导，或与社会舆论相关联的作战指挥部相关代表确定的恐怖袭击的信息。

不容许传播以下信息：

（1）有关反恐怖行动的战术和技术方法；

（2）有关处于反恐怖行动区域内，或该区域外危及民众人身和健康，以及妨碍反恐怖行动的信息；

（3）有关替恐怖主义辩护或为其宣传服务的信息；

（4）有关参加反恐怖行动，以及协助实施反恐怖行动的人员的信息。

第十二条　反恐怖行动的完成

在预防恐怖活动和在反恐怖行动区域内消除民众人身和健康威胁的情况下，反恐怖行动即被认为已经完成。

关于反恐怖行动的完成，由作战指挥部领导宣布。

第三章　补偿因恐怖袭击造成的损害，对参与反恐怖主义的人员给予法律和社会保护

第十三条　补偿因恐怖袭击造成的损害，对受害者给予社会康复

对因恐怖袭击造成自然人和法人财产的损害，由国家预算资金全部予

以补偿，之后由犯罪者偿付这笔款项。

通过向因恐怖袭击而招致损害的人员提供法律的、心理的、医学的、职业的援助，保障其工作和住房，用以对这些人员的社会康复权。

对因恐怖袭击而招致损害，以及本法第14条规定的人员的社会康复，将通过国家预算资金予以实现。

对因恐怖袭击而招致损害的人员的社会康复实施程序，由阿塞拜疆共和国执行当局相关机关予以确定。

第十四条　对反恐怖主义的人员给予法律和社会保护

反恐怖主义的人员，受国家保护。法律和社会保护措施适用于以下人员：

（1）直接参与反恐怖主义的执行当局相关机关的工作人员；

（2）在预防、查明恐怖活动和尽量降低因这一活动可能造成的损害方面，长期或临时给予国家机关以帮助的人员；

（3）本条第1款和第2款规定的人员，因这些人员执行公务而给其亲属、近亲的健康或财产造成损害时。

反恐怖主义的人员在健康和财产上招致的损害，依据阿塞拜疆共和国法律的规定予以补偿。

如果在反恐怖行动期间死亡，参与反恐怖主义的人员、其家庭，及受其赡养或抚养的人，由国家预算资金一次性支付补助金，其数额为月平均工资的100倍，之后这一款项由犯罪者偿付。

如果参与反恐怖主义的人员致残、负伤、震伤、损伤，使之无法在反恐怖行动期间继续履行公务，由国家预算资金一次性支付补助金，其数额为月平均工资的90倍，之后这一款项由犯罪者偿付。

第十五条　损害赔偿责任的免除

依据阿塞拜疆共和国法律的规定，在反恐怖行动期间允许损害恐怖分子的人身、健康或财产。参与反恐怖主义的人员，无须对反恐怖行动期间的这种损害负责。

第十六条　服务年限的优惠计算

在为效力于直接反恐怖主义部门的执行当局相关机关工作人员确定退

休金时，服务年限的计算——服务一天按服务两天计算，而参与反恐怖行动期限的计算——服务一天按服务三天计算。

第四章　追究参与恐怖活动的责任

第十七条　追究参与恐怖活动的责任

参与恐怖活动的人员，依据阿塞拜疆共和国法律的规定，追究其责任。

从保障人的权利和自由、国家安全和国际安全的利益出发，实施恐怖活动的人员或实施类似活动的参与者（不论策划或实施这些行动的地点）依据阿塞拜疆共和国法律和阿塞拜疆共和国支持的国家间条约，追究其刑事责任并接受惩罚，或可能交由外国追究其刑事责任或实施规定的惩处。

第十八条　审查与恐怖活动相关联的案件

与恐怖活动相关联的犯罪，以及有关因恐怖活动而造成损害的补偿案件，依据阿塞拜疆共和国法律，在非公开法庭会议上经法院（法官）决议进行审查。

第十九条　追究参与恐怖活动的组织的责任

在阿塞拜疆境内活动的组织（其分支代表机关）因与恐怖活动相关联，依据阿塞拜疆共和国法律的规定，可在法院决议的基础上予以清除。

在清除这种组织时，该组织与恐怖活动的联系，依据阿塞拜疆共和国法律予以确定；属于该组织的财产，依据阿塞拜疆共和国法律予以没收并移交国家。

第五章　总结条款

第二十条　监控反恐怖主义的合法性

阿塞拜疆共和国总检察院及其属下各检察院执行对反恐怖主义合法性

的监控。

阿塞拜疆共和国总检察院及其属下检察院提请法院追究有关实施恐怖活动的组织的责任。

第二十一条　反恐怖主义领域内的国际合作

依据阿塞拜疆共和国支持的国家间条约，阿塞拜疆共和国与外国、外国执法机关，以及从事反恐怖主义的国际组织在反恐怖主义领域开展合作。

第二十二条　追究违法行为的责任

依据阿塞拜疆共和国法律的规定，对公职人员及公民追究违反本法的责任。

阿塞拜疆共和国刑法典（摘录）

（1999年12月30日）

第十部分　危害公共安全和社会秩序罪

第二十五章　危害公共安全罪

第二百一十四条　恐怖主义

214.1　恐怖主义，亦即制造爆炸、纵火或其他危及民众生命、造成重大财产损失或者其他严重后果的行动，如果这些行动旨在破坏公共安全、恐吓民众或促使政权机关根据罪犯要求做出决定，并为达到这些目的威胁实施上述行动

——判处五至八年的监禁。

214.2　实施同样的行为：

214.2.1　由团伙事先串通实施；

214.2.2　屡次实施；

214.2.3　使用火器实施。

——判处七至十年的监禁。

214.3　本法典214.1或214.2条款规定的行为，如果有组织团伙实施的或因疏忽而造成受害者死亡或其他严重后果的

——判处十至十五年的监禁。

按语：已参与筹备恐怖行为的人员，如果此人经政权机关的及时警告或其他方式而预防了这一行为的实施且其行为中未犯有其他罪行，可免予追究刑事责任。

第二百一十五条　劫持人质

215.1. 劫持或扣留人员作为人质，旨在迫使国家、组织或公民实施某一行动或放弃某一行动作为释放人质的条件

——判处五至十年的监禁。

215.2　实施同样的行为：

215.2.1　由团伙事先串通实施；

215.2.2　屡次实施；

215.2.3　使用危及生命或健康的暴力；

215.2.4　使用武器或可用作武器的物品；

215.2.5　明显针对未成年人；

215.2.6　针对对嫌犯而言明显有身孕的妇女；

215.2.7　针对两个及以上人员；

215.2.8　出于谋财。

——判处十至十二年的监禁。

215.3　本法典215.1或215.2条款规定的行为，如果是有组织团伙实施的或因疏忽而造成受害者死亡或其他严重后果的

——判处十二至十五年的监禁。

按语：已实施本条款所规定的行为的人员自愿或根据当局要求释放了人质，如果在其行动中未犯其他罪行，可免予追究刑事责任。

第二百一十六条 关于恐怖活动的明显虚假信息

关于筹备爆炸、纵火或其他危及民众生命、造成重大财产损失或者其他社会危险后果的明显虚假信息

——判处七年的监禁。

第二百一十七条 匪帮行为

217.1 为达攻击组织或公民之目的，创建稳定的武装团伙（匪帮），并领导这一团伙（匪帮）

——判处十至十五年的监禁，并处没收财产或不处以没收财产。

参加稳定的武装团伙（匪帮）或参与其实施的攻击

——判处七至十二年的监禁，并处没收财产或不处以没收财产。

第二百一十八条 犯罪团伙组织（犯罪组织）

218.1 创建犯罪团伙（犯罪组织）以实施严重或极其严重的犯罪，并领导这一团伙（组织）或被纳入该团伙的部门机关，为达到筹划实施严重或极其严重犯罪计划和条件的目的，创建由有组织团伙组织者、领导者或其他代表组成的团伙

——判处八至十五年的监禁，并处没收财产或不处以没收财产。

218.2 参加犯罪团伙（犯罪组织）或由有组织团伙组织者、领导者或其他代表组成的团伙

——判处六至十二年的监禁，并处没收财产或不处以没收财产。

218.3 利用职务便利实施本法典218.1或218.2条款规定的行为

——判处十至十五年的监禁，并处没收财产或不处以没收财产。

第二百一十九条 劫持航空器或船舶或火车

劫持航空器或船舶或火车，以及为达劫持之目的而占据航空器或船舶或火车

——判处四至八年的监禁。

219.2 实施同样的行为：

219.2.1 由团伙事先串通实施；

219.2.2 使用危及生命或健康的暴力，或威胁使用这种暴力；

219.2.3 使用武器或可用作武器的物品；

219.2.4 屡次实施。

——判处七至十二年的监禁。

219.3 本法典219.1或219.2条款规定的行为，如果是有组织团伙实施的或因疏忽而造成受害者死亡或其他严重后果的

——判处八至十五年的监禁。

第二百二十条 群体性动乱

220.1 组织伴随有暴力，大屠杀，纵火，毁灭财产，使用火器、爆炸物或爆炸装置，以及武装对抗政权代表的群体性动乱，或参与这些群体性动乱

——判处四至十二年的监禁。

220.2 号召主动对抗政权代表的合法要求并发动群体性动乱，号召暴力侵害公民

——判处三年的限制自由或同一期限的监禁。

阿塞拜疆共和国总统
关于适用《阿塞拜疆共和国反恐怖主义法》的命令

鉴于《阿塞拜疆共和国反恐怖主义法》已经生效，为保证本法适用之目的，我命令：

1. 责成阿塞拜疆共和国内阁于一个月之内：

• 准备并向阿塞拜疆共和国总统提交有关使现有法律文件与《阿塞拜疆共和国反恐怖主义法》相适应的提案；

• 确保内阁和执行当局各相关中央机关的法规与本法相适应并将此报告给阿塞拜疆共和国总统；

• 在各自职权范围内解决因《阿塞拜疆共和国反恐怖主义法》而引起的其他问题。

2. 规定：

·《阿塞拜疆共和国反恐怖主义法》第5条第1款和第7条第1、2和7款规定的"执行当局相关机关"的权能由阿塞拜疆共和国总统行使；

·第5条第2款、第8和16条规定的"执行当局相关机关"的权能，和第14条第1款第1分款规定的"执行当局相关机关"的权能，由阿塞拜疆共和国国家安全部、阿塞拜疆共和国国家边防局、阿塞拜疆共和国内务部、阿塞拜疆共和国国防部、阿塞拜疆共和国最高权力和各管理机关保卫总局、阿塞拜疆共和国军事反侦察局在各自职权范围内行使；

·第9条第1款第3分款规定的"执行当局相关机关"的权能，由阿塞拜疆共和国内务部和阿塞拜疆共和国国家安全部行使；

·第13条第4款规定的"执行当局相关机关"的权能，由阿塞拜疆共和国内阁行使。

阿塞拜疆共和国总统
盖达尔·阿利耶夫
1999年8月30日，巴库市
第185号

亚美尼亚共和国反恐怖主义法

（2005年3月22日通过）

第一章　总则

第一条　本法调整的对象

本法确定亚美尼亚共和国反恐怖主义的法律和组织基础，调整与反恐怖主义相关联的各种关系。

第二条　反恐怖主义的宗旨

亚美尼亚共和国组织反恐怖主义的目的是：

（1）预告、查明、预防、消除恐怖活动并最大限度降低其影响；

（2）保护个人、社会和国家免遭恐怖主义；

（3）查明和消除促成恐怖活动的原因和条件。

第三条　反恐怖主义的法律基础

反恐怖主义的法律基础有亚美尼亚共和国宪法、亚美尼亚共和国刑法典、刑事诉讼法典和民法典、本法、其他法律法规，以及亚美尼亚共和国国际条约。

第四条　反恐怖主义的基本原则

反恐怖主义的基本原则是：

（1）合法性；

（2）预防措施优先性；

（3）实施反恐怖行动时对所使用武装力量和手段的一长制领导；

（4）对恐怖袭击的实施、筹备和资金支持予以惩处的不可避免性；

（5）在最危急情况下对恐怖分子做出最低限度让步；

（6）反恐怖主义公开的与非公开的方法的结合；

（7）综合运用预防的、法律的、政治的、社会经济的、宣传的措施；

（8）优先保护因恐怖袭击招致危险的人员的权利；

（9）最低限度公开有关反恐怖行动的方法、手段（战术）及其成员构成。

第五条 本法中使用的基本概念

本法使用以下基本概念：

（1）恐怖袭击——通过爆炸，纵火，使用或威胁使用核爆炸组件，放射性的、化学的、生物的、爆炸的、毒素的、烈性的物质；摧毁、破坏或劫持运输工具或其他目标；谋害国务或社会活动家，国家的、民族的、宗教的或其他居民团体的代表；劫持人质、绑架；通过为技术性事故和灾难创造条件以制造危害不确定范围内的人员的生命、健康或财产的危险，或者实际威胁制造此种危险；以任何形式和任何方式散布威胁；造成人员伤亡、大量财产损失或社会危险后果的其他行为等，直接实施具有恐怖主义性质的犯罪；

（2）恐怖活动——组织、筹备和实施恐怖袭击；为达恐怖主义之目的教唆暴力侵犯自然人或组织，摧毁物质目标；筹建实施恐怖袭击的非法武装部队、犯罪团伙，以及对这种袭击的参与；招募、武装、培训恐怖分子；对恐怖组织或恐怖团伙给予资金支持或其他协助；

（3）恐怖分子——实施恐怖袭击、筹备恐怖袭击或企图实施恐怖袭击的人员；

（4）反恐怖主义——旨在查明、预告、制止、最大限度降低恐怖活动造成的后果的活动；

（5）反恐怖行动——旨在查明、预防恐怖袭击，保障国家利益和自然人的安全，消除恐怖分子危害并最大限度降低恐怖活动造成的后果的专门措施；

（6）反恐怖行动区域——在实施上述行动范围内的个别地界、运输工具、大楼、建筑物、设施及与之相邻的领土；

（7）人质——为达迫使国家、组织或个人实施某种行动或放弃实施某种行动之目的遭到绑架或被扣留者。

第六条 亚美尼亚共和国在反恐怖主义领域内的国际合作

在反恐怖主义领域内，亚美尼亚共和国在国际条约基础上与反恐怖主义的境外国家和国际组织开展合作。

第二章 反恐怖主义的组织

第七条 反恐怖主义的机关

反恐怖主义由亚美尼亚共和国政府授权的国家机关在法律赋予它们的职权范围内实施。

直接反恐怖主义的主体有：

（1）亚美尼亚共和国国家安全执行机关；

（2）亚美尼亚共和国警察执行机关；

（3）亚美尼亚共和国国防执行机关。

共和国执行当局其他机关在法律确认的职权范围内参与反恐怖主义。

第八条 反恐怖行动作战指挥部

为达到协调直接实施反恐怖主义的主体与共和国执行当局其他机关行动的目的，亚美尼亚共和国总统在必要情况下组建反恐怖行动作战指挥部，作战指挥部的成员组成依职务包括本法第七条所列国家机关的领导人。

作战指挥部的成员组成还包括共和国执行当局其他机关的领导人。

亚美尼亚共和国总统担任反恐怖行动作战指挥部的总领导，而直接领导——由指挥部领导担任。

根据恐怖袭击而采取措施的性质和每一种具体情况，任命本法第七条所列共和国执行机关某一机关的一位领导人担任反恐怖行动作战指挥部的领导。

第九条 反恐怖主义机关的基本功能

反恐怖主义的国家机关在法律赋予自己的职权范围内：

（1）详细制定并实施组织的、制度的、预防的、教育的和其他的措施，旨在查明、预告、制止、最大限度降低恐怖袭击的后果，以及查明并消除促成恐怖袭击实施的原因和条件；

（2）创建反恐怖主义的专门化部门；

（3）参与准备亚美尼亚共和国在反恐怖主义领域内的国际条约；

（4）详细制定并向亚美尼亚共和国政府提交批准有关完善亚美尼亚共和国反恐怖主义法律的提案。

第十条 反恐怖主义机关的协作

亚美尼亚共和国国家管理和地方自治机关、公民和组织（不论法律组织形式和所有制形式），在履行自己职责的同时有义务向反恐怖主义机关提供协助。

第三章 反恐怖行动的实施

第十一条 实施反恐怖行动时使用的武装力量和手段

反恐怖行动由亚美尼亚共和国政府授权的国家机关——特种部队及其反恐怖主义的专门化部门，包括反恐怖战斗团体予以实施。

在实施反恐怖行动中，根据法律规定使用必要的武器和专业设施、运输工具、通信设施和其他物质技术设施。

第十二条 反恐怖行动区域的法律制度

在反恐怖行动区域内，实施反恐怖行动的人员有权：

（1）如有必要，采取临时限制或禁止街道上的运输工具和行人行动的措施，禁止公民、运输工具，包括外交代表、领事机关的运输工具前往某些地界和目标，使公民，还有运输工具离开某些地界和目标；

（2）查验公民（包括公职人员）证件以确认个人身份，如无证件，则采取旨在确认其身份的措施，直至扣留；

（3）拘捕并向国家机关或实施反恐怖行动的特种部队提交实施或企图实施旨在妨碍反恐怖行动人员合法要求的行动，以及与未经许可潜入或企图潜入反恐怖行动区域相关联的行动的人员；

（4）无障碍进入（潜入）住宅或其他属于自然人和法人的场所、周边地界、运输工具（不含属于外交和领事代表的场所、地界和运输工具）以预防恐怖袭击、追踪实施恐怖袭击或涉嫌实施恐怖袭击的人员——根据亚美尼亚共和国宪法和法律的规定；

（5）在进入反恐怖行动区域和离开该区域时，查验公民个人身份，检查其随身物品、运输工具及其运输商品的技术设施的使用；

（6）为公务目的使用组织和自然人的通信工具；

（7）在紧急情况下为公务目的使用属于自然人和法人的运输工具，不含属于外交和领事代表、国际组织的运输工具。

第十三条 与恐怖分子进行谈判

在实施反恐怖行动期间，为保护公民人身和健康、物质财产，以及研究在不使用武装力量的情况下预防恐怖袭击可能之目的，容许与恐怖分子进行谈判。

只有反恐怖作战指挥部领导或直接领导反恐怖行动的公职人员专门授权的人员，才能与恐怖分子进行谈判。

与恐怖分子进行谈判不能成为免于追究恐怖分子责任的理由和条件。

第十四条 对有关恐怖袭击信息的限制

禁止传播有关反恐怖行动的信息，包括：

（1）暴露实施反恐怖行动的专业技术方法和方式；

（2）可能妨碍反恐怖行动的实施并危及公民的人身和健康；

（3）旨在宣传恐怖主义或为恐怖主义辩护；

（4）包括关于国家机关、特种部队，及其参与反恐怖行动的反恐怖主义专门化部门，以及在实施这一行动中给予协助的人员的信息。

第十五条 反恐怖行动的结束

当恐怖袭击被预防（被消除）和在反恐怖行动区域内威胁公民人身和健康的危险被清除时，反恐怖行动即告结束。

第四章　补偿因恐怖袭击造成的损害以及对受害者实施社会康复

第十六条　补偿因恐怖袭击造成的损害

因恐怖袭击给自然人和法人造成损害的补偿，根据亚美尼亚共和国民法规定的数额，由亚美尼亚共和国国家预算资金负担。

第十七条　对因恐怖袭击而为受害者实施社会康复

对因恐怖袭击而为受害者提供旨在实施社会康复的服务，由亚美尼亚共和国国家预算资金负担。

亚美尼亚共和国政府确定给予上述人员以法律的、心理的、医学的和其他帮助的程序。

第五章　对参与反恐怖主义的人员的法律和社会保护

第十八条　对参与反恐怖主义的人员提供法律保障

由实施反恐怖行动的国家机关的公职人员和工作人员，以及在合法履行自己公务期间为国家机关提供协助的人员实施旨在保护公民人身和健康、宪法权利和合法利益，以及旨在保障社会和国家安全免受罪犯蓄意侵犯的行动，不被认为是犯罪。

按照严格规定的反恐怖行动的规范而实施的和亚美尼亚共和国法律规定的以下这样一些行为被认为是合法的，即这些行为是在执行公务范围内或履行社会义务期间完成的，且旨在保护公民的权利和合法利益，以及预防正在威胁社会和国家安全的更为重大的损害，且如果在这种状况下无法为执行公务或履行社会义务提供其他条件。

在实施反恐怖行动期间，在法律确定的基础和范围内，在迫不得已的情况下容许损害恐怖分子的人身、健康和财产，以及其他受保护的利益。

根据亚美尼亚共和国法律，参与反恐怖主义的人员免于追究反恐怖行动期间造成损害的责任。

第十九条 对参与反恐怖主义的人员提供社会保护

对参与反恐怖主义的国家机关的工作人员、其家属，以及协助反恐怖主义的国家机关的人员，根据亚美尼亚共和国法律的规定提供社会保护。

第六章 监控反恐怖主义的合法性

第二十条 对反恐怖主义的实施进行监控

根据亚美尼亚共和国法律规定，对反恐怖主义的实施进行监控。

第七章 最后条款

第二十一条 法律的生效

本法于正式公布次日生效。

亚美尼亚共和国总统罗伯特·科恰良

2005年4月19日

第79号

白俄罗斯共和国反恐怖主义法

（2002年1月3日白俄罗斯共和国法律第77-3号）

第一章　总则

第一条　反恐怖主义的法律基础

反恐怖主义的法律基础由白俄罗斯宪法、白俄罗斯刑法典、本法、白俄罗斯其他法律文件、白俄罗斯国际条约构成。

第二条　反恐怖主义的基本原则

白俄罗斯共和国反恐怖主义基于以下原则：

合法性；

预防恐怖主义措施的优先性；

惩处恐怖活动实施的不可避免性；

公开的与非公开的反恐怖主义方法的结合；

综合运用预防的、法律的、政治的、社会经济的和宣传的措施；

保护因恐怖袭击招致危险的人员权利的优先性；

向恐怖分子做最低限度让步；

对参与反恐怖行动的力量和手段实行领导单一责任制；

向公众提供有关恐怖袭击和实施反恐怖行动的信息。

第三条 基本术语及其定义

为本法之目的使用以下基本术语及其定义：

反恐怖主义——关于预防、查明、消除和最大限度降低恐怖活动后果的活动。

公民——白俄罗斯公民、外国公民或无国籍人士，除本法有规定的以外。

人质——为迫使国家、组织或个别公民实施某种行为或放弃实施某种行为作为释放上述人员的条件而遭劫持和（或）被扣留的自然人。

反恐怖行动区域——部分地界或水域、运输工具、大楼、设施、居所和与之相邻接的正在实施上述行动的领土或水域。

反恐怖行动——为达保障国家利益、公民安全、清除恐怖分子危害，以及最大限度降低恐怖袭击后果之目的而采取的旨在制止恐怖袭击的专门措施。

国际恐怖活动——恐怖分子或恐怖组织在一个以上国家境内实施的或给一个以上国家的利益、一个国家公民对于另一个国家或另一个国家境内的公民的利益造成损害的恐怖活动，其时恐怖分子和恐怖主义的牺牲者为同一国家或不同国家的公民，但罪行却是在这些国家境外实施的。

恐怖主义——实施爆炸、纵火或其他威胁民众人身安全、造成其身体伤害、造成大规模损害或其他严重后果的行动，旨在恐吓民众，或促使国家机关做出决定，或阻碍政治或其他社会活动，以及为达此目的威胁实施上述行动；

国务或社会活动家的生命因国务或社会活动而遭到蓄意侵害，目的是扰乱社会秩序，或促使国家机关做出决定，或妨碍政治或社会活动，或为了对这类人员的活动实施报复；

在外国境内组织实施或实施爆炸、纵火或其他旨在毁灭民众或造成其身体伤害的行为，为挑起国际局势复杂化、战争或扰乱这些国家内部局势之目的而摧毁或损毁大楼、设施、道路和交通工具、通信工具或其他财产，或者谋杀外国国务或社会活动家或造成其身体伤害，或者为达此目的而损害其财产。

恐怖分子——以任何形式参与恐怖活动的人员。

恐怖袭击——为恐怖主义目的而直接实施爆炸、纵火，使用或威胁使用核爆炸组件，放射性的、化学的、生物的、爆炸的、毒素的、有毒的、烈性的、刺激的物质；摧毁、破坏或劫持运输工具或其他目标；破坏信息系统、管理系统；蓄意侵害国务或社会活动家的生命，国家的、民族的、宗教的或其他居民团体的代表；劫持和（或）扣留人质，绑架；通过为技术性事故和灾难创造条件以制造危害不确定人员的生命、健康或财产的危险，或者现实威胁制造这种危险；以任何形式和任何方式散布威胁；造成人员伤亡、大量财产损失或社会危险后果的其他行动等。

恐怖团伙——由两个及其以上人员组成的旨在实施恐怖活动的团伙。

恐怖活动——包括组织、策划、筹备和实施恐怖袭击，为恐怖之目的教唆恐怖袭击、暴力强迫公民或组织、摧毁物质目标，以及参与这种袭击，招募、武装、培训和利用恐怖分子，明显资金支持恐怖组织或恐怖团伙或其他对它们的协助等在内的活动。

恐怖组织——为实施恐怖活动之目的而创建的或在自己的活动中承认有使用恐怖主义的可能的犯罪组织。

第四条 白俄罗斯共和国在反恐怖主义领域内的国际合作

在反恐怖主义领域内，白俄罗斯共和国依国际条约与外国、外国执法机关和特种部队，以及反恐怖主义的国际组织开展合作。

白俄罗斯共和国，从保障个人、社会和国家安全利益出发，在自己的境内对参与恐怖活动的人员实行刑事追诉，其中包括在白俄罗斯共和国境外策划或实施旨在侵害白俄罗斯共和国利益的恐怖袭击的情况，以及白俄罗斯共和国国际条约规定的其他情况。

第二章 反恐怖主义的组织原则

第五条 反恐怖主义的宗旨

白俄罗斯共和国反恐怖主义的目的：

保护个人、社会和国家免遭恐怖主义；

预防、查明、消除恐怖活动并最大限度降低其后果；

查明并清除促使恐怖活动实施的原因和条件。

第六条 反恐怖主义的国家机关

反恐怖主义的总领导及其保障，由白俄罗斯共和国总统和白俄罗斯共和国部长会议实行。

在各自职权范围内直接反恐怖主义的主体有：

白俄罗斯共和国国家安全机关；

白俄罗斯共和国内务机关；

白俄罗斯共和国总统安全局；

白俄罗斯共和国国防部；

白俄罗斯共和国国家边防委员会。

在各自职权范围内参与预防、查明和消除恐怖活动的主体，由白俄罗斯共和国部长会议确定名单的其他国家机关实行。

对反恐怖主义的主体的协调，由白俄罗斯共和国总统创建的跨部门委员会进行，该委员会解决以下主要任务：

受白俄罗斯共和国总统委托，详细制定白俄罗斯共和国在反恐怖领域内的国家政策原则，目的是提高查明、清除促成恐怖主义形成和恐怖活动实施的原因和条件的工作效率；

收集和分析关于白俄罗斯共和国境内恐怖活动状况和趋势的信息；

协调反恐怖主义国家机关的活动，目的是使其预防、查明和制止恐怖袭击，以及查明和清除筹备及实施恐怖袭击的原因和条件的行为协调一致；

详细制定有关完善白俄罗斯共和国在反恐怖主义领域内立法的建议；

参与筹备白俄罗斯共和国在反恐怖主义领域内的国际条约。

第七条 直接反恐怖主义主体的职权

白俄罗斯共和国国家安全机关：

通过预防、查明、制止和揭露恐怖袭击，通过预防、查明和制止国际恐怖活动以实施反恐怖主义；

收集有关外国和国际恐怖组织的信息；

对有关旨在达到恐怖主义目的的刑事犯罪案件进行预先侦察，将刑事诉讼法纳入其运行中。

依据白俄罗斯共和国法律规定的职权，白俄罗斯共和国内务机关通过预防、查明和制止恐怖袭击以实施反恐怖主义。

白俄罗斯共和国总统安全局通过保障被保护人员的安全和保护被保护目标以实施反恐怖主义。

白俄罗斯共和国国防部保障保护和保卫白俄罗斯共和国武装力量的军备和军事技术、军事目标，以及参加白俄罗斯共和国的反恐怖行动和保障空间安全。

白俄罗斯共和国国家边防委员会通过预防、查明和制止恐怖分子跨越白俄罗斯共和国国家边界，以及穿越白俄罗斯共和国国家边界非法转运武器、弹药、爆炸物、有毒物质、放射性物质和其他可能用于实施恐怖袭击的物品的企图以实施反恐怖主义，参加实施反恐怖行动。

第八条　反恐怖主义主体的基本功能

本法第六条所列国家机关，在其职责范围内为达反恐怖主义之目的详细制定并实施预防、查明和制止恐怖活动的预防的、制度的、组织的和其他的措施，创造和支持筹备打击恐怖活动的部门体系。

根据反恐怖主义需要，反恐怖主义主体提供反恐怖行动的物质技术和资金手段、信息、运输工具和通信工具、医疗设备和药品的程序，由白俄罗斯共和国部长会议确定。

第九条　反恐怖主义机关的协同行动

国家机关、其他组织和公民必须给予反恐怖主义主体以帮助，完成其要求并遵守反恐怖行动区域的法律制度。

向国家机关报告其所了解的有关恐怖活动的信息，是每个公民的义务并受国家鼓励。

第三章　反恐怖行动的实施

第十条　对反恐怖行动的管理

负责组织反恐怖行动的机关是白俄罗斯共和国国家安全委员会，除非白俄罗斯共和国总统另有规定。

考虑到社会安全的规模和程度、恐怖袭击的预期消极后果及其性质，为达直接管理反恐怖行动之目的，白俄罗斯共和国国家安全委员会可依据白俄罗斯共和国国家安全委员会或白俄罗斯共和国内务部在具体反恐怖行动中所占职权优势创建由该机关代表领导的作战指挥部。

反恐怖行动管理作战指挥部的活动程序，由白俄罗斯共和国部长会议批准的条例确定。

白俄罗斯共和国国家安全委员会，在未创建作战指挥部的情况下，可以委托直接实施反恐怖主义的主体任命反恐怖行动领导人，实施反恐怖行动。

白俄罗斯共和国国家安全委员会关于组织反恐怖行动的决议，对直接实施反恐怖主义的主体具有强制力。

反恐怖行动管理作战指挥部领导人（反恐怖行动领导人）可以由白俄罗斯共和国总统任命。

白俄罗斯共和国总统安全局可以创建由其代表人领导的作战指挥部，该指挥部活动程序由白俄罗斯共和国总统确定。

第十一条　被吸纳参加反恐怖行动的武装力量和手段

为实施反恐怖行动之目的，有关反恐怖行动管理作战指挥部领导人（反恐怖行动领导人）有权吸纳根据本法第六条参加预防、查明和制止恐怖活动的国家机关必需的武装力量和手段。

第十二条　对反恐怖行动的领导

参加反恐怖行动的国家机关、组织和公民，自上述行动始即归反恐怖行动管理作战指挥部领导人（反恐怖行动领导人）管辖，反恐怖行动领导人的决定对其具有强制力。

反恐怖行动管理作战指挥部领导人（反恐怖行动领导人）确定开展反恐怖行动区域的边界，批准有关为了开展上述行动而使用被吸纳的武装力量和手段、向民众通报信息，以及其他与开展反恐怖行动相关问题的决定。

其他任何人（不论其职务如何）均不得干涉对反恐怖行动的作战领导。

第十三条 反恐怖行动区域的法律制度

在反恐怖行动区域，实施上述行动的人员有权：

如有必要，可采取临时限制或禁止街道上运输工具和行人的行动，禁止公民和运输工具，包括外交代表团和领事机关运输工具前往个别地界和目标或将公民带离个别地界和目标，以及将运输工具拖离的措施；

在公民未经允许潜入或企图潜入反恐怖行动区域的情况下，为了查明这些行动的目的可将其扣留三个小时，以及如果公民没有证明其个人身份的证件以供身份确认也可将其扣留；

如有必要，无论白天黑夜，随时可损坏锁闭的设备，无障碍进入公民住宅和其他居所、属于公民的地界、组织的居所和领土（不论所有制形式），在追查疑有实施恐怖袭击，以及在有充足理由认为那里正在实施或已实施威胁公民人身或健康的犯罪的人员时，审查他们，检察官在24小时内下达有关此事的通知书；

在经过反恐怖行动区域和离开上述区域时，可查验公民个人身份，查验随身物品，查验运输工具及运输的物品，包括技术工具的使用；

为达公务之目的可使用属于公民、国家机关和其他组织（不论所有制形式）的通信工具；

在紧急情况下，为预防恐怖袭击，为追查和逮捕实施恐怖袭击的人员，或为将需要紧急救护的人员送达医疗机关，以及为前往事发地，可使用属于国家机关、组织（不论所有制形式）和公民（除白俄罗斯共和国法律或国际条约免于这种使用的运输工具）的运输工具；

在反恐怖行动区域，大众媒体工作人员的活动由反恐怖行动管理作战指挥部领导人（反恐怖行动领导人）协调。

第十四条 与恐怖分子进行谈判

在反恐怖行动期间，为达不使用武装力量而保护人身及健康、物品价值，以及研究制止恐怖袭击条件之目的，容许与恐怖分子进行谈判。

只有反恐怖行动管理作战指挥部领导人（反恐怖行动领导人）专门全权委任的人员，方可容许与恐怖分子进行谈判。

在与恐怖分子谈判期间，不得考虑有关将任何一个人移交恐怖分子、向恐怖分子提供武器、弹药及其他因使用而可能危及人身及健康的设施和物品的问题作为暂时终止恐怖袭击之目的的条件，不得探讨有关履行恐怖分子的政治要求的问题。

与恐怖分子进行的谈判，不能成为免于追究其完成行为责任的理由或条件。

第十五条 向公众通报恐怖袭击的信息

在实施反恐怖行动期间，社会舆论充分获取反恐怖行动管理作战指挥部领导人（反恐怖行动领导人）或上述指挥部负责与舆论保持联系的代表人所确定的恐怖袭击的信息。

在反恐怖行动期间，不容许扩散以下信息：

暴露实施反恐怖行动的专门手段和战术；

使反恐怖行动的实施变得困难并对反恐怖行动区域内或上述区域以外民众的生命和健康构成威胁；

为宣传或替恐怖主义辩护服务；

包含反恐怖行动管理作战指挥部成员、专业部门工作人员，以及协助实施上述行动的人员的信息。

第十六条 反恐怖行动的结束

当恐怖袭击被制止（被终止）和反恐怖行动区域内民众生命及健康的威胁被消除时，反恐怖行动即告结束。

有关宣告反恐怖行动结束的决定，由反恐怖行动管理作战指挥部领导人（反恐怖行动领导人）批准。

第四章　补偿因恐怖活动造成的损害 对恐怖活动受害者进行社会康复

第十七条　补偿因恐怖活动或实施反恐怖行动造成的损害

补偿因恐怖活动或实施反恐怖行动给公民和组织造成的损害，由白俄罗斯共和国预算资金负担，依据共和国法律规定，该补偿金额随后从施害方处追偿。

第十八条　对恐怖活动受害者的社会康复

对恐怖活动受害者的社会康复，包括法律援助，其心理的、医疗的、职业的康复，工作安置和住宅保障。

对恐怖活动受害者，以及本法第十九条所列人员的社会康复，由共和国预算资金负担。

对恐怖活动受害者的社会康复的实施程序，由白俄罗斯共和国部长会议确定。

第五章　参与反恐怖主义的人员的法律和社会保护

第十九条　参与反恐怖主义及应受到法律和社会保护的人员

应受法律和社会保护的有：

参与（已参与）反恐怖主义的人员；

经常或临时帮助实施反恐怖主义的国家机关预防、查明、制止恐怖活动并最大限度降低其后果的人员。

本条第一部分第二段和第三段所列人员的家属，如果因这些人员参与反恐怖主义而导致其必须受到保护时，应该受法律和社会保护。

本条第一部分和第二部分所述人员的社会保护，依据白俄罗斯共和国总统或受总统委托的白俄罗斯共和国部长会议的规定实施。

第二十条　补偿参与反恐怖主义的人员所遭受的损害

本法第十九条所列人员，因其参与反恐怖主义而遭受的健康或财产损害，依据白俄罗斯共和国法律规定予以补偿。

第二十一条 对反恐怖行动期间造成损害的责任的免除

在反恐怖行动期间，在法律规定的基础和范围内，容许对恐怖分子的生命、健康和财产，以及其他受法律保护的利益造成损害。

参与反恐怖主义的人员，依据白俄罗斯共和国法律免于对反恐怖行动期间造成损害的责任的追究。

第六章 追究参与恐怖活动的责任

第二十二条 对参与恐怖活动的责任的追究

对参与恐怖活动的人员，追究白俄罗斯共和国法律规定的责任。

第二十三条 对参与恐怖活动的组织的责任的追究

在白俄罗斯注册的组织，根据法院决议被认为是恐怖组织的，依据法律规定予以取缔。在取缔被认为是恐怖组织的组织时，属于该组织的财产即被没收。

在白俄罗斯共和国境外注册，被白俄罗斯共和国法院认为是恐怖组织的国际组织（其部门、分支、代表处），其在白俄罗斯共和国境内的恐怖活动将被禁止，其部门（分支、代表处）将被取缔，而其所属财产及所处白俄罗斯共和国境内的上述国际组织的财产即被没收。

第七章 对反恐怖主义的活动的控制和监督

第二十四条 对反恐怖主义的活动的控制

对反恐怖主义的国家机关的活动的控制，由白俄罗斯共和国总统和白俄罗斯共和国部长会议予以实施。

第二十五条 对反恐怖主义的活动的监督

对有关履行反恐怖主义的法律的监督，由白俄罗斯共和国总检察院及其下属检察院在各自职权范围内予以实施。

第八章　最后条款

第二十六条　本法的生效

本法在其正式颁布之日起即告生效。

第二十七条　与本法相适应的法律文件的适用

白俄罗斯共和国部长会议在本法正式颁布之日起三个月内：

根据规定，准备并向白俄罗斯共和国国民大会代表院提交有关通过与本法相适应的白俄罗斯共和国法律文件的提案；

通过与本法相适应的白俄罗斯共和国政府的决议；

保障白俄罗斯共和国部长会议下辖的各共和国国家机关修订和废止与本法相抵触的规范法律文件；

通过保障本法条例实施的规范法律文件。

白俄罗斯共和国总统亚历山大·卢卡申科

哈萨克斯坦共和国反恐怖主义法

（1999年7月13日哈萨克斯坦共和国法律第416号）

本法确定哈萨克斯坦共和国反恐怖主义的法律和组织基础，国家和组织（不论所有制形式）开展活动的程序，以及与实施反恐怖主义相关联的权利、义务和保障。

第一章　总则

第一条　本法使用的基本概念和术语

本法使用以下概念和术语：

（1）恐怖主义——为达破坏公共安全、恐吓民众、促使哈萨克斯坦共和国国家机关、外国和国际组织通过决定的目的或旨在终止国务或社会活动家的活动，或出于对这一活动的报复，实施应受刑事处罚的违法犯罪行为或针对自然人或组织威胁实施该种行为。

（2）恐怖活动——旨在实施具有恐怖性质的活动，其中包括下述任何一种行为：

散布恐怖主义思想；

组织、策划、筹备和实施恐怖袭击；

教唆实施恐怖袭击，为达恐怖目的号召使用暴力；

组织旨在实施恐怖袭击并参与恐怖袭击的非法军事化队伍或犯罪

组织；

在恐怖袭击中招募、武装或使用恐怖分子，培训其恐怖技能；

资金支持恐怖组织或恐怖分子；

共谋筹备和实施恐怖袭击。

（3）国际恐怖活动是这样的一种恐怖活动：

由一个以上国家境内的恐怖分子或恐怖组织实施或给一个以上国家的利益造成损害的活动；

由一个国家的公民针对另一个国家的公民或在另一个国家的领土之上实施的活动；

无论恐怖分子还是恐怖主义的牺牲者是同一个国家或不同国家的公民，但犯罪是在这些国家境外完成的活动。

（4）恐怖袭击——直接实施恐怖主义的袭击或哈萨克斯坦共和国刑法规定的其他致力于恐怖目的之犯罪。

（5）恐怖主义袭击——实施或威胁实施爆炸、纵火或其他危及人身、造成财产大量损害或造成其他社会危险后果的行为，如果这些行为的完成是旨在破坏公共安全、恐吓民众或促使哈萨克斯坦共和国国家机关、外国或国际组织做出决定，以及为达此目的而蓄意侵害人的生命，和为达终止国务或社会活动家完成其国务或其他政治活动或出于对该活动报复之目的而蓄意侵害他们的生命。

（6）恐怖组织——旨在实施恐怖活动或在其活动中承认可能使用恐怖主义而创建的组织。如果一个组织哪怕其机构中有一个部门经该组织公认的一个领导机关同意而实施恐怖活动，该组织即被确认为恐怖组织。

（7）恐怖分子——参与实施恐怖活动的人员。

（8）反恐怖行动——国家机关为了保障公民和公职人员安全，消除恐怖袭击，清除恐怖分子、爆炸装置危害，以及最大限度降低恐怖袭击造成的损害而采取的综合性专业措施。

属于反恐怖行动的措施包括有关保障哈萨克斯坦共和国总统、哈萨克斯坦共和国前总统和其他由哈萨克斯坦共和国总统确认名单中的人员，以及外国国家元首、外国政府首脑和国际组织领导人在其逗留哈萨克斯坦共和国领土期间安全的保护措施。

（9）反恐怖行动区域——正在实施上述行动的部分地界或水域、领空、运输工具、大楼、建筑、设施、住宅和与之相邻接的领土。

（10）特种部门——依据反恐怖主义法创建的专家小组。

第二条 哈萨克斯坦共和国在反恐怖主义领域内的立法

1. 哈萨克斯坦共和国在反恐怖主义领域内的立法以哈萨克斯坦共和国宪法为基础，由本法和哈萨克斯坦共和国其他规范性法律文件，以及哈萨克斯坦共和国批准的国际条约构成。

2. 如果哈萨克斯坦共和国批准的国际条约确定不同于本法所规定之规则，那么则使用国际条约规则。

第三条 反恐怖主义的基本原则和目的

1. 哈萨克斯坦共和国反恐怖主义基于以下原则：

（1）保护因恐怖袭击而招致危险的人员的生命和健康、权利的优先性；

（2）合法性的遵守；

（3）恐怖主义预防的优先性；

（4）对恐怖活动的实施进行惩处的不可避免性；

（5）预防的、法律的、政治的、社会经济的、宣传的措施的综合利用；

（6）在反恐怖行动中实行武装力量和手段单一作战领导负责制。

2. 哈萨克斯坦共和国反恐怖主义的目的是：

（1）预防、查明、制止恐怖活动并清除其后果；

（2）保护个人、社会和国家免遭恐怖主义；

（3）查明并消除促使恐怖活动实施的原因和条件。

第二章 反恐怖主义的组织基础

第四条 实施反恐怖主义的主体

1. 国家是保障安全免遭恐怖分子蓄意侵害的主体，它通过政权的立法、执行和审判各分支机构履行自己在该领域的功能。

2. 哈萨克斯坦共和国总统确定有关协调反恐怖主义的国家授权机关。

3. 直接实施反恐怖主义的国家机关有：

（1）哈萨克斯坦共和国国家安全委员会；

（2）哈萨克斯坦共和国内务部；

（3）哈萨克斯坦共和国总统保卫局；

（4）哈萨克斯坦共和国国防部。

其他国家机关在各自职权范围内参与有关预防、查明和制止恐怖表现的活动。

第五条 哈萨克斯坦共和国直接实施反恐怖主义的国家机关的协同行动

哈萨克斯坦共和国直接实施反恐怖主义的国家机关，在各自职权范围内：

（1）利用国家机关和组织的条件，以及公民的协助，彼此协同行动；

（2）通报有关准备犯罪的事实和特征以确定恐怖活动并列入这些国家机关的职权，彼此给予必要的协助；

（3）实施联合反恐怖行动。

第六条 哈萨克斯坦共和国直接实施反恐怖主义的国家机关与外国机关和国际执法组织的协同行动

哈萨克斯坦共和国直接实施反恐怖主义的国家机关，依据国家立法和国际条约，在反恐怖主义领域内与外国机关、国际执法组织开展合作，依据哈萨克斯坦共和国批准的国际条约在哈萨克斯坦共和国境内或境外采取侦查行动措施。

哈萨克斯坦共和国应其他国家主管机关的请求在哈萨克斯坦共和国境内追缉参与恐怖活动的人员（不论其实施恐怖袭击的地点）。

第三章 哈萨克斯坦共和国参与反恐怖主义的国家机关的权限

第七条 直接实施反恐怖主义的国家机关的权限

1.哈萨克斯坦共和国国家安全委员会查明、预防和制止旨在暴力改变宪法制度、破坏哈萨克斯坦共和国完整和国家安全的恐怖活动，以及恐怖分子穿越哈萨克斯坦共和国国家边界，非法跨越国家边界转运武器、爆炸物、有毒物质、精神药物、放射性物质和其他可能被用于实施恐怖袭击的物品的企图，根据刑事诉讼法，对与恐怖活动相关联的刑事案件进行侦查，保障哈萨克斯坦共和国境内的国家机关、公民和组织的安全。

2.哈萨克斯坦共和国内务部预防和制止致力于社会，包括刑事目的在内的具有恐怖性质的犯罪，参与对此类犯罪的查明和侦破。

3.哈萨克斯坦共和国总统卫队保障哈萨克斯坦共和国总统、哈萨克斯坦共和国前总统和其他由哈萨克斯坦共和国总统确定的名单中的人员，以及外国国家元首、政府首脑和国际组织领导人在逗留哈萨克斯坦共和国领土期间的安全。

4.哈萨克斯坦共和国国防部参与保障水上、陆地和空中的安全，实施反恐怖行动。

第八条 其他国家机关在反恐怖主义中的权限

参与反恐怖主义的国家机关通过详细制定和实行预防的、制度的、组织的、教育的和其他的预防及制止恐怖袭击的措施，创建和支持部门体系做出必要的打击具有恐怖性质犯罪的预防性措施，提供财政资金、信息、运输和通信工具、医疗设备、药品和医疗服务、物质技术保障，在各自职权范围内参与实施反恐怖主义。

第九条 国家机关在反恐怖主义中协同行动的义务

1.哈萨克斯坦共和国国家机关公职人员和组织（不论所有制形式），有义务向直接实施反恐怖主义的国家机关提供协助和必要的帮助。

2.哈萨克斯坦共和国公民有义务立即向直接实施反恐怖主义的国家机关报告他所知道的有关正在准备或已实施恐怖袭击的信息。

3.向国家机关提供有关正在准备或已实施恐怖袭击的信息被视为履行公民义务。给帮助预防或制止恐怖袭击的信息支付酬金，其数额由委任的协调反恐怖主义的国家机关确定。

第四章　预防、查明和制止恐怖活动

第十条　预防恐怖活动

1.在哈萨克斯坦共和国境内禁止:

（1）宣传恐怖主义;

（2）创建、注册和运行恐怖组织，以及非法军事化队伍。

2.哈萨克斯坦共和国国家安全机关有权禁止参加过恐怖活动的外国人和无国籍人士进入哈萨克斯坦共和国。

第十一条　查明恐怖活动

1.哈萨克斯坦共和国直接实施反恐怖主义的国家机关依法查明恐怖活动。

2.国家机关和组织（不论所有制形式），在哈萨克斯坦共和国境内有义务向直接实施反恐怖主义的机关报告一切具有恐怖活动特征的事件的信息。

第十二条　制止恐怖活动

1.直接实施反恐怖主义的国家机关为制止恐怖活动，使用现有武装力量和手段，包括特种部门。在必要情况下，为制止恐怖活动而实施反恐怖行动。

2.为直接实施反恐怖行动创建作战指挥部。根据恐怖活动预期的消极后果给公共安全造成危险的规模和程度，创建共和国或地区作战指挥部。

3.作战指挥部的活动，由直接实施反恐怖主义的国家机关依据跨部门规范文件对其做出的规定予以确定。

第十三条 领导反恐怖行动

1.作战指挥部领导人自开展反恐怖行动始即为该行动领导人，且同时为所有被吸纳开展该行动的军人、工作人员和专家的首长。

2.反恐怖行动作战指挥部领导人确定反恐怖行动开展的区域边界、起止时间，做出有关使用加强武装力量和手段的方向和范围的决定。

3.不容许其他公职人员（不论其所处职位），非法干涉对反恐怖行动的作战领导。

4.为达保护民众生命和健康、物质财产，以及研究制止恐怖袭击的条件的目的，容许与恐怖分子进行谈判。只有作战指挥部领导人专门任命的人员才容许进行谈判。

5.如果在与恐怖分子进行谈判期间因后者不同意停止恐怖袭击并保持对民众生命和健康的现实威胁而不可能达到谈判目的的情况下，反恐怖行动领导人有权做出清除恐怖分子的决定。

6.在发现对受保护人员或目标有明显威胁，以及通过其他合法手段无法消除这种威胁的情况下，根据反恐怖行动领导人的命令可以在不进行谈判和警告的情况下清除恐怖分子。

第十四条 实施反恐怖行动所使用的武装力量和手段

1.为实施反恐怖行动，作战指挥部被赋予直接使用反恐怖主义国家机关必要的武装力量和手段的权力。

2.依据哈萨克斯坦共和国批准的国际条约，在必须制止恐怖袭击的情况下可以使用外国的特种部门。

第十五条 实施反恐怖行动区域的法律制度

1.在实施反恐怖行动区域边界内，参与反恐怖行动的人员有权：

（1）临时限制或禁止运输工具，包括外交和领事代表机关的运输工具，以及部分地界和目标上的公民的行动或将其从这些地界和目标带离；

（2）查验确认个人身份的证件，如果公民没有证件，则依据哈萨克斯坦共和国法律将其扣留以确认个人身份；

（3）扣留并将实施或正在实施违法行为或其他旨在妨碍参加反恐怖行动人员合法要求的行为，以及因与未经许可潜入或企图潜入反恐怖行动区域相关联的行为的人员移交内务机关；

(4) 在追查恐怖分子期间，如果延误可能给民众生命安全和健康造成现实威胁的情况下，无障碍进入住宅或其他属于公民的居所和组织（不论所有制形式）的地界、领土和居所，可潜入运输工具；

(5) 包括使用技术手段，查验公民和公职人员（不论其职务）的个人身份，以及运输工具及其所运输物品；

(6) 为达公务之目的，使用通信工具，包括专门的通信工具，以及属于公民和组织（不论所有制形式）的运输工具，不包括外交、领事和其他外国和国际组织代表机关的运输工具，为预防恐怖袭击，追缉和拘捕实施恐怖袭击的人员，或将需要紧急医疗救助的人员送往医疗机构，以及驱车前往恐怖袭击地点；

(7) 针对恐怖分子使用哈萨克斯坦共和国法律规定的无须事先警告和限制的武器和专业工具。

2. 参加反恐怖行动人员的行为自行动实施开始至行动实施终止，被认为是在必须防御或极端必需的状况下实施的行为。

3. 经作战指挥部领导人许可，容许大众媒体的代表出现在实施反恐怖行动的区域。

第五章　补偿因恐怖袭击造成的损害并对受害者实施社会康复

第十六条　补偿因恐怖袭击造成的损害

依据哈萨克斯坦共和国法律规定，补偿因恐怖袭击造成的损害，由共和国预算资金负担，该补偿金额随后从施害者处予以追偿。

第十七条　对恐怖袭击受害者的社会康复

依据哈萨克斯坦共和国法律规定，对恐怖袭击受害者的社会康复，包括必要的免费法律援助、心理和医疗康复。

第十八条　对参加反恐怖主义的人员的保护

哈萨克斯坦共和国直接实施反恐怖主义的国家机关工作人员，以及为反恐怖主义提供协助的人员及其家属成员，在生命和健康受到威胁的情况下，可根据其要求，由拨付给这些机关的资金负担变更其相貌、姓名和父称，以及工作地点和居住地。

第十九条 对恐怖分子造成损害的责任的免除

实施反恐怖行动期间，在法律规定的理由和范围内，容许对恐怖分子的健康和财产，及其他受法律保护的利益实施强制性损害。因此依据哈萨克斯坦共和国法律，对军人、专家和其他参加反恐怖主义的人员在反恐怖行动期间所实施的损害，或对通过有关清除恐怖分子的决定，免于追究责任。

第六章 追究参加恐怖活动的责任

第二十条 追究参加恐怖活动的人员的责任

1.参加恐怖活动的人员，追究哈萨克斯坦共和国法律规定的刑事责任。

2.参加筹备恐怖活动的人员免于追究刑事责任，条件是他通过及时告知国家机关或其他方法防止了恐怖袭击且如果在其行动中不包含其他犯罪成分。

第二十一条 追究社会团体和国际组织参加恐怖活动的责任

按照哈萨克斯坦共和国总检察院提议，依据哈萨克斯坦共和国法律，在哈萨克斯坦共和国境内暂时终止实施恐怖活动的社会团体或国际组织的活动。

按照法院的决定，在清除被认为是恐怖团体的社会团体时，没收属于它的财产并予以充公。

在法院承认国际组织是恐怖组织的情况下，禁止该组织在哈萨克斯坦共和国境内活动，取消其下属部门（分支），没收属于它的财产和上述国际组织的财产并予以充公。

第七章　给予哈萨克斯坦共和国直接实施反恐怖主义的国家机关特种部门以物质技术保障

第二十二条　给予哈萨克斯坦共和国直接实施反恐怖主义的国家机关特种部门以物质技术保障

由预算资金负担哈萨克斯坦共和国直接实施反恐怖主义的国家机关特种部门的物质技术保障。

第八章　控制和监督反恐怖主义的合法性

第二十三条　对反恐怖主义的活动的控制

对有关哈萨克斯坦共和国反恐怖主义的活动的控制，由哈萨克斯坦共和国总统确定的国家协调反恐怖主义的授权机关实施。

第二十四条　对反恐怖主义的合法性的最高监督

在实施反恐怖主义期间对准确统一运用法律的最高监督，由哈萨克斯坦共和国总检察院及其下属检察院实施。

吉尔吉斯共和国反恐怖主义法（一）

（1999年10月21日吉尔吉斯共和国法律第116号）

第一条　本法宗旨

本法确定反恐怖主义的组织—法律原则，协调实施反恐怖主义的各机关活动的程序。

第二条　恐怖主义

恐怖主义——实施爆炸、纵火或其他危及民众生命、造成巨大损害或构成其他社会危险后果的行动，如果这些行动的实施是为了达到破坏公共安全、恐吓居民之目的，旨在阴谋危害或削弱现有国家政权，恐吓或强迫国家机关，国际的、商业的、社会的及其他为实施或拒绝实施各种有利于恐怖分子或恐怖组织的组织，以及为达同样之目的威胁实施上述行动。

第三条　反恐怖主义的主体

保障吉尔吉斯共和国安全免遭蓄意侵害的主要主体是国家，它通过立法、执行和司法权力机关在该领域发挥自己的功能。

实施直接反恐怖主义的机关是吉尔吉斯共和国国家安全部。

在反恐怖主义领域与吉尔吉斯共和国国家安全部开展相互合作的机关有：

吉尔吉斯共和国内务部；

吉尔吉斯共和国国防部；

吉尔吉斯共和国司法部；

吉尔吉斯共和国国家保卫局；

吉尔吉斯共和国国民警卫队。

实施反恐怖主义的各机关独立自主，以及与吉尔吉斯共和国其他各部委、各国家委员会、各行政部门、各机关、各组织和公民之间协同解决它们所面临的任务。

吉尔吉斯共和国各部委、各国家委员会、各行政部门、各企业、各机关和各组织（不论所有制形式）领导人，向正在实施反恐怖主义的机关提供必要的帮助以实现它们所担负的依据现行法律符合现行法律的任务。

第四条 直接实施反恐怖主义的机关的任务

吉尔吉斯共和国国家安全部及其地方机关：

——根据国际条约和协议实施反国际恐怖主义，保障吉尔吉斯共和国依其活动属性允许获取构成国家机密情报信息，和处于吉尔吉斯共和国境内外的企业、组织、机关和公民的反恐安全。

——获取有关致力于政治、经济、民族主义或宗教目的的恐怖组织活动的情报信息。

第五条 与直接实施反恐怖主义的机关相互协作的机关的任务

吉尔吉斯共和国内务部及其地方机关对致力于社会目的，包括刑事目的的恐怖组织和恐怖分子实施打击。

吉尔吉斯共和国国家保卫局与吉尔吉斯共和国国民警卫队，保障吉尔吉斯共和国受保护的国家最高公职人员，以及外国元首和代表在其逗留吉尔吉斯共和国期间的安全。

吉尔吉斯共和国国防部保护军人免遭恐怖分子，以及导弹和其他武器的蓄意侵害，并保护吉尔吉斯共和国国防部的财产。

吉尔吉斯共和国司法部对各社会团体就其活动目的的章程条例的遵守进行控制。

第六条 实施反恐怖主义的机关的相互协作

实施反恐怖主义的吉尔吉斯共和国各机关之间相互合作的原则和形式，由吉尔吉斯共和国规范性文件确定。

实施反恐怖主义的吉尔吉斯共和国各机关在双边（多边）国际协议，包括跨部门属性的协议基础上与外国反恐机关和部门开展相互合作。

这些国际协议的结论是在吉尔吉斯共和国境内应外国执法机关的要求采取作战、侦查措施和开展侦查行动的依据，不论与这些国家是否存在法律援助协议。

第七条 恐怖活动的预防

在吉尔吉斯共和国境内禁止：

——创建、注册和运行恐怖组织；

——与宣传恐怖主义相关联的活动；

——参加恐怖活动或有参加恐怖活动嫌疑的人员进入、离开或过境吉尔吉斯共和国领土。

为达积累、综合、分析和预测恐怖活动的目的，以吉尔吉斯共和国国家安全部为基础，制定有关反恐怖主义的活动的科学而有充分根据的单独措施，创建有关反恐怖主义的问题的跨部门数据库。

实施反恐怖主义的各机关向吉尔吉斯共和国国家安全部转交所有关于反恐怖活动的现有材料。

第八条 恐怖活动的查明

为查明恐怖活动，实施反恐怖主义的吉尔吉斯共和国各机关在其法律所规定的管理范围内使用所有现有的武装力量、设施、形式和方法。

吉尔吉斯共和国公民，履行其公民职责，支持反恐怖主义，及时向相关机关报告其所知道的恐怖活动的事实。

在吉尔吉斯共和国境内的所有部委、国家委员会、行政部门，以及机关、企业和组织（不论所有制形式），均有向吉尔吉斯共和国国家安全部报告一切具有恐怖主义特征事件的信息的责任。

向执法机关提供有关使参加恐怖活动的人员被逮捕或被判刑，以及提供预防或制止恐怖行为的信息即给予奖励，同时对提供协助的人员的信息采取保密措施。

第九条 恐怖活动的制止

在制止恐怖活动或个别恐怖行为期间，采取吉尔吉斯共和国法律文件规定的专业措施，直至从肉体上将恐怖分子消灭。

只有本法规定的实施反恐怖主义的机关，才拥有采取专门措施的权力。

第十条 追究恐怖活动的责任

依据吉尔吉斯共和国刑法典，参加恐怖行动的人员将被追究责任。

第十一条 免责

参加筹备恐怖行动的人员，如果他及时告知政权机关或以其他方式及时制止恐怖行动的实施且如果在该人员的行动中不包含其他的犯罪成分，则免于追究刑事责任。

第十二条 对参加反恐怖主义的人员及其家属的社会保护

在实施反恐怖主义的吉尔吉斯共和国各机关任职期间，作战行动全体人员的退休金和工龄津贴按服务一天以一天半计算，在高山地区及与之相同地区服务的人员——一天以两天计算，而在任职工资中附加百分之五十的津贴。

在实施反恐怖主义的吉尔吉斯共和国机关任职期间，依据现行法律，工作人员及其家属有权获得损害补偿。

第十三条 对参与反恐怖主义的人员的保护

实施反恐怖主义、在作战行动职位任职的吉尔吉斯共和国机关工作人员，和协助从事反恐怖主义的吉尔吉斯共和国各机关的人员，在其生命和财产受到威胁的情况下，根据其要求，由国家专门划拨的资金负担实施变更其身份数据、居住地点和工作地点，实施易容手术。

第十四条 对吉尔吉斯共和国各机关工作人员开展反恐怖主义所造成的损害的补偿

实施反恐怖主义的吉尔吉斯共和国机关工作人员，因其执行公务而造成的健康损害，由国家预算资金全额全面予以补偿，随后向犯罪者追偿这一补偿金额。

在实施反恐怖主义的吉尔吉斯共和国各机关工作人员，因其执行公务而造成其身体伤害而无法继续从事公职的情况下，从国家预算中一次性给他支付数额为十五年赡养费的补助金。

在实施反恐怖主义的吉尔吉斯共和国各机关工作人员，因其执行公务致死或因受伤、创伤、公务期间生病而致死的情况下，从共和国预算中一次性给死者家属及其受赡养或受扶养人支付数额为二十年赡养费或扶养费的补助金。

实施反恐怖主义的吉尔吉斯共和国各机关工作人员在执行公务期间财产所受损失或损毁，以及健康和生命所受损害的确认，由上述相关机关实施。

第十五条 本法的生效

本法自签署之日起生效。

在两个月之内向吉尔吉斯共和国政府提交有关使现行立法与本法相适应的建议。

吉尔吉斯共和国反恐怖主义法（二）

2006年11月8日比什凯克市第178号
2006年9月7日吉尔吉斯共和国国会通过

本法确定反恐怖主义的基本原则，预防和打击恐怖主义及最大限度降低恐怖主义后果的组织—法律基础、协调实施反恐怖主义的国家机关的活动的程序、与实施反恐怖主义的相关联的自然人和法人（不依所有制形式）的权利和义务，以及反恐怖主义领域国际合作的程序。

第一部分　基本条款

第一章　总则

第一条　基本概念

本法使用以下基本概念：

恐怖主义——为达危害公共安全、影响国家权力机关通过有利于恐怖分子的决定及恐吓民众之目的而实施的应受刑事惩罚的违法行为，以及通过实施表现为以下形式的恐怖行动以达其他政治的、意识形态的、宗教的目的的行为：

——针对自然人或法人使用暴力或威胁使用暴力；

——摧毁（损毁）或威胁摧毁（损毁）财产和其他物质目标，危害民众生命安全；

——造成相当的物质损失或带来其他公共安全后果；

——为使国务或社会活动家停止其国务和政治活动或出于对这种活动的报复而对其实施蓄意谋杀；

——袭击受国际保护的外国代表或国际组织成员，以及办公场所或受国际保护人员的运输工具，如果实施这种行为旨在挑起战争或使国际关系复杂化；

——实施依吉尔吉斯共和国法律，以及依旨在反恐怖主义的国际法律文件应理解为恐怖主义的其他行为。

恐怖袭击——直接实施犯罪或总体或部分地表现出恐怖性质的犯罪，形式有：

——爆炸，纵火，使用或威胁使用爆炸装置，使用放射性的、生物的、化学的或其他有毒的物质；

——劫持、绑架、损毁、摧毁地面、水上和空中运输工具；

——蓄意谋害国务和社会活动家的生命，劫持和（或）绑架人质；

——通过为制造技术性事故和灾难创造条件或现实威胁创造这种危险，制造危险以损害非确定人群的生命、健康或财产；

——以任何形式和任何方式传播具有恐怖性质的威胁；

——实施其他被吉尔吉斯共和国法律和公认的国际法规范确认的具有恐怖性质的行动。

恐怖分子——以任何形式参与实施恐怖活动的人员。

恐怖团伙——为达实施恐怖活动之目的而组成的人员团伙。

恐怖组织——为达实施恐怖活动之目的而创建的或承认在自己的活动中有可能使用恐怖主义的组织。如果该组织结构内下属单位之一经其领导机关之一同意实施恐怖活动的，该组织即被确定为恐怖组织。

人质——为达迫使国家、自然人或法人实施或放弃实施某种行动以作为释放被劫持和（或）被绑架人员之目的而被恐怖分子劫持和（或）绑架的自然人。

反恐怖主义——国家权力机关和地方自治机关采取的以下活动：

——预防恐怖主义，包括查明和进一步消除促使恐怖袭击实施的原因和条件（预防恐怖主义）；

——查明、预防、消除、揭露和侦查恐怖袭击（反恐怖主义）；

——最大限度降低恐怖主义的后果。

恐怖活动——旨在实施具有恐怖性质的犯罪和包括任何一种下述行为的活动：

（1）宣传恐怖主义思想，传播号召实施恐怖活动或为必须实施这种活动寻找理由或为其辩护的材料或情报信息；

（2）策划、组织、筹备和实施恐怖袭击，以及在此当中的情报信息和其他帮凶行为；

（3）教唆实施恐怖袭击，为达恐怖之目的号召暴力侵犯自然人和组织，摧毁物质目标；

（4）为达实施恐怖袭击之目的组织非法军队或犯罪组织（团伙），以及参与这些军队或犯罪；

（5）支持恐怖活动。

依据吉尔吉斯共和国法律，追究实施恐怖活动的罪犯的责任。

任何一种下述行为即被认为是对恐怖活动的支持：

（1）诱惑实施具有恐怖性质的犯罪；

（2）为恐怖活动实施招募；

（3）为参加恐怖活动进行训练或培训；

（4）为恐怖活动训练和培训人员；

（5）资助恐怖活动或对恐怖活动进行其他协助；

（6）下述人员用资金或其他金融资产开展活动（交易）：

——实施或企图实施具有恐怖性质犯罪或促使其实施的自然人；

——其财产直接或间接为恐怖分子所有或其财产受恐怖分子控制的法人或支持恐怖活动的法人；

——以恐怖分子或支持恐怖活动的人员的名义或指示从事活动的法人和自然人，或与之相关联的法人和自然人，包括因使用直接或间接支持恐怖活动的人员的掌握或控制下的所有物而得到或获得的资金；

（7）为恐怖分子确定提供武器的渠道和跨国界转运恐怖分子；

（8）为资助、策划、支持或实施具有恐怖性质犯罪的人员提供避难；

（9）为达实施反对其他国家或外国人的恐怖袭击或具有恐怖性质犯罪之目的，提供使用国家领土的可能。

依据吉尔吉斯共和国法律，追究支持恐怖活动的罪犯的责任。

资助恐怖主义——旨在支持恐怖活动和以任何方法及方式（直接地或间接地、公开地、隐秘地、通过中介）向恐怖袭击的组织者或执行者表达预谋转达资金的应受刑事处罚的活动，或为达使用它们之目的，或意识到它们将被全部或部分地用于实施恐怖活动的情况下，试图提供或收集资金的。

资产——任何一种财产，物质的或非物质的，动产或非动产（不依其获得的方式），以及证明有权使用这些财产或参与这些财产的任何形式的，包括电子的或数字的在内的，法律文件或文书，包括银行贷款、旅行支票、银行支票、邮政汇单、有价证券、具有财产性质的收益，但并不仅限于此。

具有恐怖性质的犯罪——吉尔吉斯共和国刑法第226-229、232、294、296和376条规定之犯罪。如果吉尔吉斯共和国刑法规定的其他犯罪是为达恐怖之目的而实施的，则可能被纳入恐怖性质之犯罪。

国际恐怖主义——由恐怖分子或恐怖组织（团伙）实施的，旨在破坏其他国家的宪法制度或国际法秩序或总体国际关系的国际恐怖活动。

国际恐怖活动——由以下人员或在以下情况下实施的恐怖活动：

——恐怖分子或恐怖组织（团伙）在一个以上国家领土上或给一个以上国家的利益造成损害；

——一国公民针对另一国公民或在另一国领土上；

——无论是恐怖分子还是恐怖主义的受害者都是同一国公民或不同国家公民，但犯罪却是在这些国家境外实施的情况下；

——在一国内，但其筹备、策划、领导或控制的实际部分却是在另一国；

——在一国内，但在一国以上实施犯罪活动的恐怖组织（团伙）参与的情况下；

——在一国内，但其实际后果却在另一国内。

反恐怖行动——使用军事技术、武器和专业设备，由国家机关实施，旨在消除恐怖袭击、保障国家和自然人安全、解除恐怖分子武装、拆除爆炸装置，以及最大限度降低恐怖袭击造成的后果的专业、战斗、军事和其他措施的综合；

保障吉尔吉斯共和国受国家保护的目标和吉尔吉斯共和国法律规定的其他人物，以及国家元首、外国政府首脑和国际组织在其逗留吉尔吉斯共和国领土期间的安全而采取的保护措施，亦属反恐怖行动。

反恐怖行动实施区域——实施反恐怖行动界内的个别地段、水体或空间、运输工具、大楼、建筑、设施、住宅及相邻区域或水域。

大规模人群聚集地——同时可聚集5000人及其以上人数的商业、体育、娱乐、运输设施、大学和其他目标所在地。

第二条　反恐怖主义的基本原则和目的

1.吉尔吉斯共和国反恐怖主义基于以下原则：

——保障和保护个人和公民的基本权利和自由；

——合法性；

——保护因恐怖袭击而遭受危险的民众的生命、健康、权利和合法利益的优先原则；

——预防恐怖主义措施的优先原则；

——对实施恐怖活动进行惩处的不可避免性；

——综合使用预防的、法律的、政治的、社会经济的、情报信息宣传的、专门的和其他的措施以反恐怖主义；

——公开的与非公开的方法的结合；

——不容许向恐怖分子做政治让步；

——对参与反恐怖行动的武装力量和手段实行领导单一责任制；

——最低限度对外宣布实施反恐怖行动的技术手段和战术，以及参与上述行动的人员构成的机密性；

——国家与社会宗教团体、组织和公民合作反恐怖主义；

——在不同领域以多种形式组织和实施反恐怖主义的国际合作。

2. 吉尔吉斯共和国反恐怖主义的宗旨是：

——保护个人、社会和国家免受恐怖主义威胁；

——发现和消除促使恐怖主义产生和实施恐怖活动的原因和条件；

——预防、发现和消除恐怖活动并使其影响降至最低。

第三条 反恐怖主义的法律基础

反恐怖主义的法律基础由吉尔吉斯共和国宪法、吉尔吉斯共和国刑法和刑事诉讼法、本法、吉尔吉斯共和国其他法律文件、吉尔吉斯共和国总统和政府规范性法律文件、生效的吉尔吉斯共和国国际条约，以及公认的国际法原则和准则。

第二章 实施反恐怖主义的主体及其权限

第四条 实施反恐怖主义的主体

1. 国家是保障吉尔吉斯共和国安全免遭恐怖分子蓄意侵害的主体，它通过国家立法、执行和审判权力机构在该领域履行自己的功能。

2. 本法规定的国家机关在赋予它的权限范围内实施反恐怖主义。

3. 吉尔吉斯共和国国家安全机关是吉尔吉斯共和国在反恐怖主义领域实行国家统一政策和协调实施反恐怖行动的其他主体，以及保障它们在预防、查明和消除恐怖活动并将其影响降至最低的被授权国家机关。

4. 与吉尔吉斯共和国国家安全局在反恐怖主义领域实施反恐怖主义和协同行动的国家机关有：

——吉尔吉斯共和国内务部；

——吉尔吉斯共和国国防部；

——吉尔吉斯共和国司法部；

——吉尔吉斯共和国紧急情况部；

——吉尔吉斯共和国边防局；

——吉尔吉斯共和国国民警卫队；

——吉尔吉斯共和国国家保卫局；

——吉尔吉斯共和国财政侦查局。

5. 在各自权限范围内参与预防、查明和消除恐怖活动的主体还有由吉尔吉斯共和国政府确定名单的其他国家机关。

6. 地方自治机关和地方国家行政当局向实施反恐怖主义的主体提供支持。

7. 在废除、重组或更名本条所列国家机关的情况下，这些国家机关在反恐怖主义领域的功能将转入它们的法律继承者。

8. 实施反恐怖主义的国家机关独立地和彼此之间，以及与吉尔吉斯共和国其他各部委、部门、企业、机构、组织和公民相互支持以解决它们所面临的任务。

第五条　被授权国家机关的权限和基本任务

1. 吉尔吉斯共和国国家安全局：

——协调实施反恐怖主义的国家机关的活动，以达其在预防、查明和消除恐怖袭击，以及查明和清除促进恐怖袭击筹备和实现的原因和条件的目的，吉尔吉斯共和国国家安全局局长亲自负责协调国家机关的活动；

——通过预防、查明和消除恐怖主义性质的犯罪，包括追求政治目的的犯罪，以及通过预防、查明和消除国际恐怖活动以实施反恐怖主义，依据吉尔吉斯共和国刑事诉讼法，按刑事案件调查这些犯罪；

——搜集和分析有关恐怖分子、恐怖组织（团伙）活动的情报信息，评估其对国家安全的威胁程度，向相关各部委提供必要的情报信息；

——无论吉尔吉斯共和国国家权力机关、企业、组织、机构和公民处在吉尔吉斯共和国领土上还是其境外，其活动性质具有涉及构成国家秘密的，都要采取措施保障它们活动的安全；

——保障保护被吉尔吉斯共和国政府确定名单的位于吉尔吉斯共和国领土上及其境外的吉尔吉斯共和国特别重要的目标和国家机构，以及这些目标和机构的工作人员及其家属；

——与外国的相关机关和特种部队，以及国际组织在反国际恐怖主义领域开展合作；

——保障反恐怖下设机构在查明、消除和摧毁恐怖分子或恐怖组织

（团伙）方面的组织工作；

——依据吉尔吉斯共和国法规行使其他权限。

2. 吉尔吉斯共和国国家安全局解决以下重要任务：

——根据吉尔吉斯共和国总统的委托制定吉尔吉斯共和国在反恐怖主义领域国家政策的基础和提出建议，以达提高查明和清除促使恐怖主义产生和实施恐怖活动的原因和条件的工作的效率；

——搜集和分析有关在吉尔吉斯共和国领土上恐怖活动的状况和趋势的情报信息；

——采取行动策划、组织和开展反恐怖行动；

——制定并向吉尔吉斯共和国总统提交审议有关完善吉尔吉斯共和国在反恐怖主义领域的立法的建议；

——参与准备吉尔吉斯共和国在反恐怖主义领域的国际条约；

——保障完成在反国际恐怖主义领域国际条约框架内所承担的义务。

3. 为实现吉尔吉斯共和国国家安全局所肩负的上述权限和任务创建反恐怖主义中心，包括反恐怖主义军事下属机构；

吉尔吉斯共和国国家安全局反恐怖主义中心的活动程序、权限和人员编制，由吉尔吉斯共和国总统批准的条例确定。

第六条 实施反恐怖主义的国家机关的权限

1. 吉尔吉斯共和国内务部：

——通过预防、查明和消除恐怖活动实现反恐怖主义并将其后果降至最低；

——保障吉尔吉斯共和国领土上特别重要的、明确的和其他设施的保护和安全，这些设施的清单由吉尔吉斯共和国政府确定；

——向国家相关权力机关提供与恐怖活动相关联的人物、团伙和组织的情报信息；

——消除吉尔吉斯共和国水设施上的恐怖行为；

——依据吉尔吉斯共和国法律行使其他权力。

2. 吉尔吉斯共和国国防部：

——保障吉尔吉斯共和国领空安全，保护免遭来自空中对重要军事和其他设施的打击；

——消除被用以实施恐怖行为或被恐怖分子劫持的飞机的飞行；

——无障碍提供飞机用以消除恐怖行为的实施；

——保护吉尔吉斯共和国武装力量的现役军人、武器和军事技术免遭恐怖分子蓄意侵害，同时保护吉尔吉斯共和国国防部所管辖的军事设施、其他武器和财产；

——参与反恐怖行动；

——依据吉尔吉斯共和国法律行使其他权力。

3. 吉尔吉斯共和国司法部：

——开展国家统一注册和编制吉尔吉斯共和国领土上法人、其分支和代表处的统一的数据库；

——组织和开展法院鉴定工作；

——保障保护国家重要设施和特种物资；

——保障刑事执行系统机关的法制和法纪、其内部的罪犯、被羁押者，以及身处这些机关的个人、公务人员和公民等的安全；

——保障保护改造机关，并依据既定方针，以及行使吉尔吉斯共和国国际义务，对罪犯和被羁押者进行引渡押送。

4. 吉尔吉斯共和国紧急情况部：

——采取措施保护居民免遭紧急情况，保护恐怖分子活动区域内特别重要的、明确的和其他设施的稳固的功能，以及消除恐怖行为的后果；

——依据吉尔吉斯共和国法律行使其他权力。

5. 吉尔吉斯共和国边防局：

——保障保护国界免遭恐怖分子向吉尔吉斯共和国领土渗透；

——采取措施预防、查明和消除恐怖分子试图通过吉尔吉斯共和国国界，以及经由吉尔吉斯共和国国界非法安置爆炸、有毒、毒品和精神状态调节物品，放射性、化学及细菌物质，武器、弹药、财产及其他可能用以实施具有恐怖性质犯罪的物体；

——独立地或与吉尔吉斯共和国其他反恐怖主义的国家机关一起，在吉尔吉斯共和国国界、边界地带和边界区域查明、阻止并消除恐怖分子或恐怖团伙。

6. 吉尔吉斯共和国国民警卫队：

——与吉尔吉斯共和国国家保卫局一起保障吉尔吉斯共和国国家保护设施，以及外国元首、政府首脑和国际组织领导人在其逗留吉尔吉斯共和国领土期间的安全。

——与吉尔吉斯共和国内务部一起保障保护吉尔吉斯共和国领土上特别重要的国家设施的安全；

——保护国民警卫队的现役军人、武器、军事技术和其他军事设施免遭恐怖分子侵害；

——参与反恐怖行动；

——依据吉尔吉斯共和国法律行使其他权力。

7. 吉尔吉斯共和国国家保卫局与吉尔吉斯共和国国民警卫队共同保障以下安全：

——吉尔吉斯共和国国家保卫局在其临时和长期逗留地的设施；

——外国元首、政府首脑和国际组织领导人在其逗留吉尔吉斯共和国领土期间。

8. 吉尔吉斯共和国财政侦查局：

——采集、研究和分析有关业务（交易）情报信息、文件、消息和其他资料、货币性资产和其他财产，以及旨在资助恐怖主义的相应措施；

——向吉尔吉斯共和国执法机关提供与资助恐怖主义相关联的情报信息。

上述国家机关为实现其职能而创建单独的下设机构，该下设机构的活动制度和人员编制，依据吉尔吉斯共和国规范性法律文件，由总统或吉尔吉斯共和国政府确定。

第七条 实施反恐怖主义的国家机关的相互协作

1. 实施反恐怖主义的吉尔吉斯共和国各机关之间的相互协作原则和形式，由吉尔吉斯共和国规范性法律文件确定。

2. 实施反恐怖主义的吉尔吉斯共和国各机关在双边（多边）国际协议，包括跨部门属性的协议基础上与外国反恐怖机关和部门，以及国际组织，依据国家法律，开展相互合作。

第八条 吉尔吉斯共和国实施反恐怖主义的国家各机关下属机构的工作人员的技能的培训、再培训和提高

1. 吉尔吉斯共和国实施反恐怖主义的国家各机关下属机构的工作人员的技能的专业化培训、再培训（改行）和提高，在国际条约和协议基础上，在吉尔吉斯共和国国家安全局教育机构及外国专业教育机构进行。

2. 为开展吉尔吉斯共和国实施反恐怖主义的国家各机关下属机构的工作人员的技能的专业化培训、再培训（改行）和提高，在共和国预算内规定的为资助这些国家机关的活动而设的资金范围内，从国家预算划拨财政资金。培训亦可依靠吉尔吉斯共和国法律不禁止的其他资金开展。

第九条 被纳入反恐怖主义的其他国家机关、企业、组织和机构的权限

国家机关、企业、组织和机构在自己的权限范围内通过分析和实现预防性的、制度性的、组织性的、教育性的和其他的预防及消除恐怖主义行为的措施，在部门体系必要的准备情况下，创造和支持先发制人的措施打击具有恐怖主义性质的犯罪的实施，提供财政资金、情报、交通通信工具、医疗设施、药品及医疗服务、技术资料保障。

第十条 协助国家机关反恐怖主义的义务

1. 吉尔吉斯共和国公民，在履行自己的公民义务时，协助反恐怖主义，有义务立即向实施反恐怖主义的国家机关报告其所知道的准备或实施恐怖袭击的情报信息。

2. 吉尔吉斯共和国领土上的所有部委和部门，以及机构、企业和组织（不依所有制形式），有义务立即向吉尔吉斯共和国国家安全局或其他实施反恐怖主义的国家机关报告所有具有恐怖主义特征的事件。

3. 吉尔吉斯共和国各部委、部门、企业、机构和组织的领导（不依所有制形式），有义务向实施反恐怖主义的国家机关提供必要协助，依据吉尔吉斯共和国现行法律，执行其所承担的任务。

第二部分　恐怖主义的预防

第三章　反恐怖主义的情报信息的宣传保障

第十一条　对恐怖主义思想扩散的打击

1. 在吉尔吉斯共和国法律基础上对恐怖主义思想传播进行法律评估。

属于恐怖主义思想传播的行为有：

——挑起民族间、宗教间和社会仇视；

——号召实施具有恐怖主义性质的犯罪；

——挑起战争，谋杀社会和国务活动家，挑起群体混乱和屠杀。

2. 吉尔吉斯共和国国家安全局研究公开的或隐蔽的传播恐怖主义思想的主体、形式和战术，包括依据吉尔吉斯共和国法律收集和采集情报信息。

3. 实施反恐怖主义的国家机关利用计算机技术查明和消除恐怖主义的传播。

4. 吉尔吉斯共和国国家安全局反恐怖主义中心研究分析查明和消除恐怖主义思想传播的措施体系。

第十二条　大众媒体协助反恐怖主义的义务

1. 大众媒体工作者在阐明与恐怖袭击和反恐怖活动相关的事件时，有义务考虑人们的生命和安全权利之于情报信息及其传播自由权利的第一性。

2. 大众媒体工作者在收到有关正在准备实施恐怖袭击的情报信息时，有义务立即将此信息上报给实施打击恐怖主义的国家机关。

3. 在大众媒体工作者拥有能够为审判具有恐怖主义性质的犯罪或能够用以预防、查明和消除恐怖活动提供物证的情报信息时，有义务将之转交给实施打击恐怖主义的国家机关。

第十三条　利用大众媒体预防恐怖主义措施的实施

1. 大众媒体的领导人有义务采取措施，防止其所领导机关内部准备的资料被用以为恐怖活动进行无罪辩护，不得呼吁实施恐怖活动，不得挑起恐怖活动，也不得宣传宗教间、国家间、民族间和种族间敌对。

2.国家机关和地方自治机关有义务尽一切力量鼓励和推动大众媒体参与预防恐怖主义的行为，同时在全社会形成反恐怖主义的意识。

3.在遵守本法第二条规定的条件下，实施打击恐怖主义的主体有义务向大众媒体提供有关筹备、实施和消除恐怖主义的行为实施的客观情报信息。

第十四条 大众媒体的责任

在促进打击恐怖主义方面违反职责的大众媒体工作者及其领导人，依据现行法律承担责任直至刑事责任并接受停止大众媒体机构活动的司法判决。

第四章 对可能被恐怖主义侵害的目标的保护

第十五条 对可能被恐怖主义侵害的目标的全国保护措施体系

1.为达对可能被恐怖主义侵害的目标保护（对目标的反恐怖主义保护）的目的，实行由吉尔吉斯共和国总统批准的全国措施体系，该措施体系的目的旨在提高这些目标抗击恐怖袭击的可持续性和提供国家机关、企业及组织消除恐怖袭击后果的准备程度。

2.对目标的反恐怖主义全国保护措施体系，包括法律法规的、组织的、工程技术的、军事的、专门的、保护的和其他的措施。

对目标的反恐怖主义全国保护措施体系应该属于保密范围。

3.根据恐怖主义威胁的性质，吉尔吉斯共和国总统可以采取特别的法律制度，包括恐怖主义的威胁制度。上述制度的内容、实施该制度的根据、与这些制度相关联的对于自然人和组织设限的性质，由吉尔吉斯共和国的法规法令确定。

第十六条 应受到反恐怖主义保护的可能被恐怖主义侵害的目标

应受到反恐怖主义保护的可能被恐怖主义侵害的目标有：

——自然人；

——国家或政府目标；

——企业和组织，包括作为具有人为性质灾害的来源，对居民和环境造成高于正常的危险；

——基础设施目标，包括社会交通运输体系及其他交通体系；

——边境区（带）和边境地区的目标和地段。

第十七条 被授权的国家机关在保护可能被恐怖主义侵犯的目标领域的功能

吉尔吉斯共和国国家安全局反恐怖主义中心及其领土内的下属机构，在保护可能被恐怖主义侵害的目标领域完成以下功能：

——采集和分析吉尔吉斯共和国领土上恐怖主义威胁的特点和性质的情报信息，以及可能实施恐怖主义侵害的目标的情报信息；

——分析反恐怖主义保护目标的状况，研究反恐怖主义保护目标领域的要求、准则和规则，以及促进其实施的财政经济机制的建议；

——研究完善反恐怖主义保护目标的建议，配合执行权力机关在该领域的活动；

——监控反恐怖主义保护企业和组织的状况（不依组织法律形式及所有制形式），要求其领导人执行反恐怖主义保护目标领域既定的准则及规则。

第十八条 国家机关在可能被恐怖主义侵害的目标保护领域的功能

1.依据反恐怖主义领域法律允许的权限，国家机关对可能遭受恐怖主义侵害的目标实施反恐怖主义保护的功能。

2.在反恐怖主义领域拥有权限的国家机关，通过向其领导人提供恐怖主义威胁的性质和特点的情报，并通过实际演练和采取其他措施，有义务提高对可能遭受恐怖主义侵害的目标的反恐怖主义保护的水平。

第十九条 在反恐怖主义目标保护领域高于正常风险及生命保障目标的领导人和所有者的义务

1.高于正常风险及生命保障目标的领导人及所有者，有义务为实现反恐怖主义保护领域的要求、准则和规则，筹划和采取措施。

2. 为达实现相关措施的目的，上述目标领导人及所有者有义务规定必需的特许拨款。

3. 高于正常风险及生命保障目标的领导人及所有者对上述职责的违反，将追究吉尔吉斯共和国法律规定的责任。

4. 高于正常风险及生命保障的目标的清单，由吉尔吉斯共和国政府确定。

第三部分　反恐怖主义

第五章　恐怖活动的预防、查明和消除

第二十条　恐怖活动的预防

1. 通过政治的、社会经济的、法律的及其他的预防性措施，实施反恐怖主义的国家机关预防恐怖活动。

2. 吉尔吉斯共和国领土上禁止：

——创建、注册（委任）和运行与恐怖活动有关的法人、其分部（分支）及代表处（包括外国组织和国际组织）；

——与宣传恐怖主义思想相关的活动；

——为实施恐怖活动而实施人员培训；

——参加恐怖活动或怀疑参加恐怖活动的人员出入或过境吉尔吉斯共和国领土；

——隐瞒准备或已实施恐怖活动的情报信息及事实；

——其他种类或形式的恐怖活动。

3. 参加恐怖活动的法人、其分部（分支）及代表处（包括外国组织和国际组织）的清单，由吉尔吉斯共和国政府依据吉尔吉斯共和国法律确定并公布。

4. 在吉尔吉斯共和国国家安全局反恐怖主义中心，为了积累、总结、分析和预测恐怖活动，以及为了研究反恐怖主义的科学有据的单独措施，创建跨部门反恐怖主义问题数据库。

5. 为达相同对待和打击恐怖活动、配合实施反恐怖主义国家机关的活

动和组织的相互行动，以及在吉尔吉斯共和国国家安全局反恐怖主义中心结构内收集和处理具有恐怖主义性质的情报的目的，创建共和国“紧急情况中心”，配备相关场所、技术工具和长期配套人员。

紧急情况中心系属保密对象，并依吉尔吉斯共和国法律实施进入该中心的程序。

6. 实施反恐怖主义的国家机关向吉尔吉斯共和国国家安全局移交所有关于反恐怖活动的现有资料。

第二十一条　恐怖活动的查明

1. 为查明恐怖活动，吉尔吉斯共和国反恐怖主义国家机关，动用其一切现有支配力量、手段、形式和方法。

2. 为向执法部门提供情报而设立金钱奖励，该情报的实施有助于对恐怖活动人员进行逮捕或判刑，同时采取吉尔吉斯共和国法律规定的强制措施、在不泄露提供协助人员的情报信息的情况下预防或制止恐怖活动。

金钱奖励的多少、依据和程序，由吉尔吉斯共和国政府确定。

第二十二条　恐怖活动的消除

1. 在消除恐怖活动或个别恐怖活动时，采取吉尔吉斯共和国法律文件确定的专门措施，直至将恐怖分子从肉体上消灭。

2. 只有本法规定的实施反恐怖主义的国家机关在其所拥有的权限范围内享有动用专门措施的权力。

第六章　反资助恐怖活动

第二十三条　旨在反资助恐怖主义的措施

旨在反资助恐怖主义的措施，在全国反恐怖主义措施体系框架下实施。这其中包括：

——强制性的内部控制程序；

——强制性控制；

——禁止客户或其他人员提供有关反资助恐怖主义所采取的措施；

——根据吉尔吉斯共和国《反资助恐怖主义及反犯罪途径收入合法化（洗钱）法》所采取的其他措施。

第二十四条 查验资助恐怖活动的情报

在自己职权范围内实施反恐怖主义或被吸纳参与反恐怖主义和承担搜索行动的主体，在获悉有关具体的自然人或法人（不依公民属性或所有制形式）参与资助恐怖活动的情报时，有义务立即采取措施，动用吉尔吉斯共和国法律规定的一切必要的公开的和非公开的综合措施查验情报。

第二十五条 冻结或查封参与恐怖活动的自然人和法人的资金及其他资产或经济资源

1. 在确认自然人和法人（不依公民属性或所有制形式）参与资助恐怖活动的证据存在的情况下，司法机关根据吉尔吉斯共和国金融侦查局提交的申请，决定禁止使用和支配这些人员和组织的资金、金融资产或经济资源（冻结）。

2. 如果有证据证实，这些自然人或法人的资金，确实用于恐怖主义或其所支持的活动，或其所实施的犯罪将造成具有恐怖主义性质的结果，那么这些资金应该被冻结或查封。

如果有证据认为，由参加或支持恐怖活动的人员直接或间接管辖或控制的自然人或法人的资金，以及以参加或支持恐怖活动的人员的名义或指令行事的自然人或法人的资金，包括通过使用由参加或支持恐怖活动的人员和与这些人员相关的自然人或法人直接或间接掌握或控制的财产所获得或所拥有的资金，同样应该被冻结或查封。

3. 为达及时查明和消除资助恐怖主义的目的，吉尔吉斯共和国金融侦查局公布被采取措施冻结资金的自然人和法人的清单。

法人或自然人被纳入相关清单的依据是：

——已产生法律效力的、认定某人犯有具有恐怖主义性质罪行的法律判决；

——已产生法律效力的、认定某组织系恐怖组织并将之清除的决定；

——吉尔吉斯共和国认定的、由参与打击恐怖主义的国际组织，或由其全权机关制定的与恐怖组织或恐怖分子相关联的自然人或法人清单；

——依据国际条约承认的外国法院、外国其他主管机关对参与恐怖活动相关联的组织和自然人的判决（决定）。

被纳入清单的直接或间接与恐怖主义或支持恐怖活动相关的其他法人和自然人的声明书，由吉尔吉斯共和国总检察长或其属下检察官送达法院。

对于被纳入清单的外国自然人和法人的依据，可以是国际条约基础上或相互条件下所呈报的外国政府，以及外国全权主管机关或国际组织的、确证参与恐怖主义或支持恐怖活动的相关官方征询或机密情报信息。

4. 鉴于可以得出结论认为，泄露这些做出决定的基础的情报信息，有可能给国家安全利益造成损失或给某人的安全构成威胁，因此法院有权对相关资料予以保密。

第二十六条 追究资助恐怖活动的责任

1. 犯有资助恐怖活动罪行的自然人，将追究吉尔吉斯共和国法律规定的刑事责任。

2. 法人，以及注册组织和并非法人的未注册组织，只要其下属机构之一对恐怖活动进行了资助，应该依法院决定予以清除，而其所属财产转为吉尔吉斯共和国收入，后续用以达到反恐怖主义和清除恐怖袭击所造成后果之目的。同时，直接参与资助恐怖活动被清除的法人或组织的领导人和工作人员，依本条第1款追究刑事责任。

第二十七条 征收被用于恐怖活动或支持其活动的自然人或法人的或者因恐怖活动所得的财产

1. 被用于恐怖主义或支持其活动或因实施恐怖活动所得的财产，应该依法院判决予以没收（征收）。

2. 征收程序将依据吉尔吉斯共和国刑事诉讼法、民事诉讼法或行政诉讼法的规定予以执行。

征收的财产应该有：

——因实施恐怖活动所得的和因使用这种财产所得的利润及其他收益；

——使用这种财产实施具有恐怖主义性质的犯罪或这种财产因资助实

施具有恐怖主义性质之犯罪而获得；

——用于直接或间接协助实施具有恐怖主义性质的犯罪；

——受恐怖分子或恐怖组织（集团）直接或间接管理或控制；

——置于被恐怖分子、恐怖集团或恐怖组织用于召集会议、开展宣传、保留实施具有恐怖主义性质犯罪手段的或被其用于其他非法目的的场地或其他地方。

3. 变卖基于本条而被征收的财产和使用因变卖该财产所得的资金，包括补偿受害人损失的程序，以及受委托实施此目的的机关，由吉尔吉斯共和国政府予以确定。

第七章　反恐怖行动的实施

第二十八条　反恐怖行动实施的决定的批准

1. 如果恐怖行为无法使用其他力量或手段予以清除，那么须得展开反恐怖行动的实施。

2. 吉尔吉斯共和国国家安全局反恐怖主义中心，可能在不创建作战指挥部的情况下，委任实施反恐怖主义的由反恐怖行动领导人任命的主体开展反恐怖行动。

3. 实施反恐怖主义的国家机关自收到关于准备或已实施恐怖袭击的可靠的情报信息，即开始实施反恐怖行动。

第二十九条　反恐怖行动的管理和领导

1. 吉尔吉斯共和国国家安全局反恐怖主义中心，是负责组织反恐怖行动的机关。

2. 吉尔吉斯共和国国家安全局反恐怖主义中心组织反恐怖行动的决定，是实施反恐怖主义的主体必须履行的决定。

3. 考虑到恐怖袭击所带来的社会危险的规模和程度、预期的消极后果和性质，为了直接管理反恐怖行动，吉尔吉斯共和国国家安全局反恐怖主义中心创建由吉尔吉斯共和国国家安全局局长任命的公职人员（作战指挥部领导人）领导的共和国作战指挥部，该领导人为开展反恐怖行动负责。

4. 在吉尔吉斯共和国各地区（州、区），可以创建地区作战指挥部，该部的数量和构成取决于吉尔吉斯共和国各地区（州、区）的当地条件的特点及其所在地可能出现的恐怖袭击的性质。

5. 吉尔吉斯共和国各地区（州、区）反恐怖行动管理作战指挥部，由吉尔吉斯共和国国家安全局反恐怖主义中心当地机关（下属机构）领导人领导。在恐怖袭击的性质发生变化的情况下，反恐怖行动领导人可能将依据吉尔吉斯共和国国家安全局局长的决定被更换。

6. 考虑到社会危险的规模和程度，作战指挥部领导人可以根据吉尔吉斯共和国总统或总理被任命。

7. 其他公职人员无论职位如何都不允许非法干预反恐怖行动领导人的反恐怖行动。

第三十条　反恐怖行动管理作战指挥部

1. 反恐怖行动管理作战指挥部的活动程序，由实施反恐怖主义的国家机关同意的部门间规范文件并根据相关规定的程序批准的作战指挥部条例确定。

作战指挥部的构成、任务、职权、组织程序和活动保障，及其领导人和成员的基本职责，在反恐怖行动管理作战指挥部条例中予以反映。

2. 反恐怖行动管理作战指挥部领导人的职权包括：

——确定作战指挥部的结构和程序，以及被纳入作战指挥部的公职人员的任务和功能；

——确定被纳入反恐怖行动法律制度范围内的区域（地区）和目标的边界，确定综合措施和临时限制；

——确定和决定利用被吸纳开展反恐怖行动的力量和资金及其他人员构成，协调其活动并组织协同行动；

——准许人员与恐怖分子谈判，确定其战术和行动方针；

——确定大众媒体对于恐怖袭击的规模和形式、反恐怖行动的进程和结果，不宣扬开展反恐怖行动的技术手段和战术、其参与成员和负责与大众媒体和舆论代表保持联系的作战指挥部代表的构成。

——决定并向作战指挥部发布开展反恐怖行动的筹划及建议的命令和开展反恐怖行动的作战命令（作战指令）；

——决定对已结束的反恐怖行动的公告及向吉尔吉斯共和国总统或总理提交开展反恐怖行动结果的报告。作战指挥部领导人自开展反恐怖行动始，便成为该行动的领导人，同时成为被吸纳开展该行动的所有军人、工作人员和专家的首长。

第三十一条　反恐怖行动实施期间使用的力量和手段

1. 为了开展反恐怖行动，作战指挥部有权根据本法第4条吸纳参与反恐怖主义的各国家机关的必要力量和手段。

2. 吉尔吉斯共和国地方自治机关，在必要情况下为开展反恐怖行动划拨财政资金和物资技术手段。

3. 根据吉尔吉斯共和国签署的国际条约，在必要情况下可以吸纳外国特种机关下属机构清除恐怖袭击，同时使用空中和宇宙专门观察技术手段。

4. 吉尔吉斯共和国武装力量为达清除威胁吉尔吉斯共和国空域或水上目标的恐怖袭击的目的，同时为了制止这种恐怖袭击，根据吉尔吉斯共和国规范法律文件所规定的程序和条件使用武器和军事技术。

第三十二条　反恐怖行动实施区域内的法律制度

1. 为了制止和揭露恐怖袭击、最大限度降低后果和保护个人的重要利益，社会和国家根据反恐怖行动管理作战指挥部领导人的决定，在开展反恐怖主义的区域范围内、在开展反恐怖主义期间，引入反恐怖行动法律制度。

2. 引入反恐怖行动的法律制度的决定（包括确定这种制度所引入范围的领地［目标清单］，和所采取措施和临时限制的清单）和取消反恐怖行动的法律制度的决定，在大众媒体予以即时公布。

3. 在引入反恐怖行动的法律制度的领地（目标）上，根据吉尔吉斯共和国法律规定的程序，在开展反恐怖行动期间，允许使用以下措施和临时限制：

（1）根据吉尔吉斯共和国法律，查验公民和公职人员证件，确定其个人身份，在没有此类证件的情况下对上述人员实施阻拦以确定其个人身份；

（2）在禁止交通工具进入的地区和目标所在街道和道路、个别地段，临时限制或禁止交通工具和行人，包括外交代表机关和领事机构的交通工具和公民前往这些地区和目标所在个别地段，或者将公民从这些地区和目标所在个别地段移开，同时将交通工具拖离；

（3）加强对社会秩序、应受国家保护的目标，保障居民生活活动目标、交通和具有特殊物质价值、历史价值、科学价值、艺术价值或文化价值的目标的保护；

（4）为达查明实施恐怖袭击的状况、准备和实施恐怖主义的人员情报信息的目的，为达预防其他恐怖袭击的实施，对通过电信体系所进行的电话谈话和其他情报信息予以监控，同时查询电子联系渠道和邮件；

（5）为达公务的目的（不论所有制形式），使用联系工具，包括属于组织的专门工具和交通工具（不包括外交代表机关、领事机构和外国及国际组织其他机构的交通工具），而在紧急情况下——使用属于自然人的交通工具将需要急救的人员送抵医疗机构，以及用于追捕被怀疑实施恐怖袭击的人员，如果迟延会给人们的生命或健康造成现实威胁的话，补偿与此交通工具的使用相关联的支出程序，由吉尔吉斯共和国政府确定。

（6）暂停危险生产和使用爆炸物质、放射性物质、化学和生物等危险品的危险组织的活动。

（7）暂停给法人和自然人提供通信服务或限制使用网络和通信工具；

（8）临时将居住在引入反恐怖行动的法律制度领地范围内的自然人迁移到无危险地区且必须向他们提供固定或临时住所；

（9）实施检疫，开展卫生防疫、兽医和其他检疫措施；

（10）实施反恐怖行动的人员无障碍进入属于自然人的住所及其他场所和法人（不论所有制形式）的地块、领地及场所，以及交通工具用以实施打击恐怖活动的措施，如果迟延会对人们的生命和健康造成现实威胁的话；

（11）在通向实施反恐怖行动的法律制度范围内的领地和从上述领地

撤出之时，对自然人和公职人员（不论职务如何）及其随身携带的物品进行查验，同时查验交通工具及其所运物品，包括使用技术手段；

（12）限制或禁止售卖武器、弹药、爆炸物、专门工具和核物质，确定含有麻醉品和精神物质或烈性物质、乙醇、酒精和含有酒精产品的药品和制剂流通的特殊制度；

（13）拦阻并将实施或正在实施旨在妨碍开展反恐怖行动的人员的合法要求，以及因擅自进入或试图进入开展反恐怖行动区域的违法或其他行为的人员提交给内务机关。

4. 在实行反恐怖行动的法律制度范围内的领地（目标）的个别地段，可以确立起（实行）本条第3款所规定的全方位措施和临时限制，以及个别措施和临时限制。

5. 开展反恐怖行动的人员的行为，自该行动开始至结束，都被视为处于必要防卫或紧急状态下、恪守吉尔吉斯共和国刑法典所规定的条件下完成的行为。

6. 只有在作战指挥部领导人的允许下，大众媒体的代表才能置身反恐怖行动区域。

第三十三条　与恐怖分子进行谈判

1. 在开展反恐怖行动时，为达保护人们的生命和健康，以及研究制止恐怖袭击可能性之目的，允许与恐怖分子进行谈判。

2. 在与恐怖分子进行谈判时，不得考虑将这样一些问题作为他们停止恐怖袭击的条件，即无论如何不得将任何人员交给恐怖分子，不得将能够给人们的生命和健康造成威胁的武器及其他工具和实物交给恐怖分子，不得满足恐怖分子的政治要求。

3. 与恐怖分子进行谈判，不能成为免除追究其对已实施行动的理由或条件。

4. 恐怖分子释放人质和自愿投降，不能作为免除追究对已实施行动的理由或条件，但可以视为对所实施行动减轻处罚的情节。

5. 如果在与恐怖分子进行谈判的进程中，谈判目的因恐怖分子不同意停止恐怖袭击的原因而无法达到，且保持着对人们生命和健康的现实威胁时，作战指挥部领导人有权决定将恐怖分子予以清除。

第三十四条 让公众知情恐怖行为的情况

1. 在开展反恐怖行动时，由反恐怖行动管理作战指挥部领导人或上述指挥部负责与公众保持联系的代表所确定的各种形式和规模，让公众知情恐怖行为的情况。

2. 不允许对以下情报信息进行扩散：

——暴露开展反恐怖行动的专门技术手段和战术；

——能够给开展反恐怖行动造成困难和给身处开展反恐怖行动区域内的或上述区域外的民众的生命和健康造成威胁；

——为恐怖主义宣传或开脱；

——在开展反恐怖行动时，有关反恐怖行动管理作战指挥部的成员及其专业下属机构的工作人员，以及协助开展上述行动的人员的情报信息。

第三十五条 反恐怖行动的结束

1. 当恐怖袭击被消除（被终止）且身处开展反恐怖行动区域内的民众的生命、健康、财产及其他受法律保护的利益的威胁被解除时，反恐怖行动即被视为结束。

2. 宣布反恐怖行动结束的决定，由反恐怖行动管理作战指挥部领导人通过。

第三十六条 在消除恐怖袭击过程中死去的恐怖分子的埋葬

因消除恐怖袭击而死去的恐怖分子的埋葬，由吉尔吉斯共和国政府规定的程序实施。

同时，不泄露埋葬的尸体，不泄露埋葬尸体的地方。

第四部分 最大限度降低恐怖主义的后果

第八章 因恐怖袭击而造成损害的补偿，和恐怖袭击受害者的社会康复

第三十七条 因恐怖袭击或因实施反恐怖行动而造成损害的补偿

1. 因恐怖袭击或开展吉尔吉斯共和国领土上实施的反恐怖行动而造成自然人和法人损害的补偿，由共和国预算和实施恐怖袭击与（或）开展反恐怖行动领土上的州、地区的地方预算资金支付，且根据吉尔吉斯共和国法律的规定后续将从施害人员身上追偿这一补偿的数目。

2. 基于本法所规定的理由和程序所征收的资金，同样可以用于给具有恐怖主义性质犯罪的受害者或其家庭成员支付赔偿。

因制止某人参与恐怖袭击而造成其损害的不应该予以补偿。

3. 对因为商业目的而进行的活动的组织者（社会团体和社会组织，不论所有制形式）使用人群大规模逗留之地实施恐怖袭击而给公民造成损害的补偿，根据吉尔吉斯共和国法律所签署的强制保险合同的规定，由保险补偿金予以支付。

4. 给因恐怖袭击或开展反恐怖行动而给自然人和法人造成损害的赔偿支付的数额和程序，由吉尔吉斯共和国政府确定。

第三十八条　恐怖袭击受害者的社会康复

1. 对因恐怖袭击而遭受损害的人员和列入本法第39条的人员的社会康复，由共和国预算资金和实施这一恐怖袭击所在领土各州、地区的地方预算资金予以支付，其目的在于使上述人员返回正常的生活活动，社会康复包括无偿法律援助、心理康复、医疗康复、职业康复、就业安置，并在必要情况下给他们提供设施完善的住所和吉尔吉斯共和国法律规定的其他帮助。

2. 对因恐怖袭击而遭受损害的人员实施社会康复的程序，由吉尔吉斯共和国政府确定。

第九章　参与反恐怖主义的人员的法律和社会保护

第三十九条　参与反恐怖主义的、应受法律和社会保护的人员

参与反恐怖主义的人员，受国家保护。

以下人员应该受到法律和社会保护：

——直接参与（已经参与）反恐怖主义（其清单与实施反恐怖主义的国家机关相吻合，并由吉尔吉斯共和国政府批准）的吉尔吉斯共和国国家机关的军人、工作人员和专家；

——长期或临时对实施反恐怖主义的国家机关在预防、查明、消除恐怖活动和最大限度降低恐怖活动后果方面予以协助的人员；

——通告恐怖活动及任何其他能够促使预防、查明和消除恐怖活动情报信息的人员；

——本条第三、四和五段所列人员的家属，有必要因所列人员参与反恐怖主义而对其给予保护保障。

第四十条 服务年限的优惠计算

1. 在直接实施（已经实施）反恐怖主义的国家机关下属机构服务（已经服务）的军人和工作人员，领取退休金的服务年限（工龄）的计算：

——服务一天抵一天半；

——在高山地区及类似地方服务一天抵两天；

——在参加开展反恐怖行动期间服务一天抵三天，在职务工资上增加50%的津贴。

2. 被吸纳参与开展反恐怖行动的专家和其他人员，领取退休金的工龄计为参加一天抵三天。

第四十一条 对参加反恐怖主义的人员的保护

在直接实施反恐怖主义的国家机关下属机构服务的工作人员和向反恐怖主义提供协助的人员及其家属，在其生命和健康受到威胁的情况下，根据其请求，可以易容、改名换姓和变换工作地点及居住地点，费用由划拨给这些机关的维持费予以支付。

第四十二条 对参与反恐怖主义的人员损害的补偿

1. 给列入本法第39条人员的健康或财产，因其参加实施反恐怖主义的措施而遭受的损害，依本法第37条确定的程序予以补偿。

2. 在参加实施反恐怖主义的措施的或开展反恐怖行动的人员死亡，或因开展反恐怖行动而受伤（创伤、损伤、震伤）、生病而死亡的情况下，阵亡者（死者）家属和靠其扶养（或赡养）的人员，在保险事件当天从共和国预算中按职务和军衔工资数额200倍的一次性补贴额度予以支付，在供养人伤亡的情况下发放抚恤金和保留获得住所、支付公用住房服务费用的优待，如果阵亡者（死者）曾经有这种优待的话。

3. 如果参加实施反恐怖主义的措施的或实施反恐怖行动的人员受伤（创伤、损伤、震伤）而致残和失去进一步服务机会的情况下，将根据吉尔吉斯共和国法律规定为其发放抚恤金，并从共和国预算中按如下额度支付一次性补贴：

——一等残废——按职务和军衔工资的150倍发放；

——二等残废——按职务和军衔工资的100倍发放；

——三等残废——按职务和军衔工资的50倍发放。

4. 如果参加实施反恐怖主义的措施的或实施反恐怖行动的人员受伤（创伤、损伤、震伤）而致残的情况下，从共和国预算中按如下额度向该人员发放一次性补贴：

——遭受重伤（创伤、损伤、震伤）的情况下——按职务和军衔工资的20倍额度发放；

——遭受轻伤（创伤、损伤、震伤）的情况下——按职务和军衔工资的10倍额度发放。

5. 遭受生命和健康损害的列入第39条第三、四和五段的其他类型人员，根据本条第2、3和4款确定的同等额度给予一次性补贴。

6. 如果参加实施反恐怖主义的措施的或开展反恐怖行动的人员的财产损失或受损害的情况下，该人员有权根据吉尔吉斯共和国政府规定的程序要求等值补偿。

对财产损失或损坏，以及对于参加实施反恐怖主义的措施的人员的健康和生命造成损害的确定，由相关上级机关实施。

7. 根据吉尔吉斯共和国法律，在对上述一次性支付同时出现几种理由的情况下，补贴发放将根据收款人选择的一种理由予以支付。

8. 给因恐怖袭击或开展反恐怖行动而遭受损害的人员发放一次性补贴和其他支付的程序，由吉尔吉斯共和国政府予以确定。

第四十三条 造成恐怖分子损害责任的免除

在本法所确定的基础和范围内开展反恐怖行动时，允许对恐怖分子的生命、健康和财产以及其他合法利益采取强制性损害。同时，参与实施反恐怖主义的措施的军人、专家及其他人员因开展反恐怖行动而给恐怖分子造成的损害，或因根据吉尔吉斯共和国法律通过的清除恐怖分子的决定，免于追究责任。

第十章　追究参与恐怖活动的责任

第四十四条　追究参与恐怖活动的人员的责任

1. 犯有恐怖活动罪行的人员，追究吉尔吉斯共和国法律规定的刑事责任。

2. 通过提供证明性质的和准许性质的文件推动恐怖组织成员合法化，以及直接或间接给恐怖组织成员提供任何其他帮助的人员，追究吉尔吉斯共和国法律规定的责任。

3. 参加筹备恐怖袭击的人员，如果及时通知国家机关或通过其他方法防止恐怖袭击发生且如果其行动中不包含其他犯罪构成，那么将免于追究刑事责任。

第四十五条　追究实施恐怖活动的组织的责任

1. 依法院决定认定组织为恐怖组织的应该被清除。

法院认定外国组织或国际组织（其分部、支部、代表处）为恐怖组织的理由是，国际条约基础上或互惠条件下拥有或向外国提供的确认该组织参加恐怖活动的材料。

2. 在法院认定外国组织或国际组织（其分部、支部、代表处）为恐怖组织的情况下，该组织在吉尔吉斯共和国领土上的活动将被禁止，而其分部、支部和代表处将被取缔，属于该组织和上述组织、位于吉尔吉斯共和国领土上的财产将被征收并按法院决定转归国家收入。

处于恐怖组织直接或间接管理下的财产，以及为了这些组织的利益被管理和被使用的其他财产，同样应该被征收。

3. 吉尔吉斯共和国检察机关向法院提交该组织因恐怖活动而追究责任的声明。

第四十六条 关于恐怖活动案件的刑事和民事诉讼程序的特点

具有恐怖主义性质的犯罪案件，以及因恐怖袭击或反恐怖行动而遭受损害补偿的案件，根据法院决定，可以遵照一切司法诉讼规则公开开庭审理。

第五部分 总结条款

第十一章 吉尔吉斯共和国实施反恐怖主义的国家机关的下属机构的物质技术保障

第四十七条 吉尔吉斯共和国实施反恐怖主义的国家机关的下属机构的物质技术保障

实施反恐怖主义的吉尔吉斯共和国国家机关的下属机构（其清单与实施反恐怖主义的国家机关相一致，且由吉尔吉斯共和国政府批准）的物质技术保障，由共和国预算支付。

第十二章 吉尔吉斯共和国反恐怖主义领域的国际合作

第四十八条 反恐怖主义领域国际合作的法律基础

反恐怖主义领域国际合作的法律基础，由公认的国际法准则和原则、吉尔吉斯共和国国际条约、联合国安全理事会决议和吉尔吉斯共和国法律构成。

第四十九条 反恐怖主义领域国际合作的基本原则

反恐怖主义领域国际合作基于以下原则：

——认识联合世界各国力量战胜最危险形式的恐怖主义威胁的必要性；

——遵守公认的国际法准则和原则、个人的权利和基本自由；

——对他国国家利益的尊重态度、对不干涉他国内政原则的遵守。

第五十条 反恐怖主义领域国际合作的目标和任务

1. 反恐怖主义领域国际合作的目标有：

——保护个人、社会和国家、国际社会安全整体不受恐怖主义的威胁；

——查明和消除恐怖主义威胁扩散的原因及有助于实施恐怖活动的条件；

——预防、查明和消除针对一国或多国的恐怖活动和最大限度降低已实施恐怖行为产生的后果。

2. 通过解决国际规范和标准文件确定的一系列相互关联的任务，以达所列目标的完成。

第五十一条 反恐怖主义领域国际合作的形式

1. 吉尔吉斯共和国反恐怖主义领域国际合作的基本形式有：

——情报信息交换；

——合作查明、冻结或查封用以实施具有恐怖主义性质犯罪的任何资金，并没收因实施此类犯罪而获得的财产；

——引渡已实施或有证据怀疑实施具有恐怖主义性质犯罪的人员；

——移交被判犯有恐怖主义性质罪行的罪犯服刑，开展联合侦查、提交刑事诉讼；

——法律的、行动的、方法的、技术的及其他的互助；

——联合行动、侦查及其他措施的实施；

——移交刑事案件材料以开展刑事侦查；

——开展行动及其他措施的问询；

——干部培训；

——军事领域的合作；

——制定反恐怖主义领域的规范性法律文件；

——联合工作以预防和消除促使具有恐怖主义性质犯罪实施的原因和条件；

——在反恐怖主义情报信息宣传保障方面制定协商一致的政策和开展

协作。

2. 实施反恐怖主义的主体，在吉尔吉斯共和国法律确定的基础和条件下，采取必要措施，与其他国家主管机关和国际组织协作，以达预防恐怖袭击实施的目的，这些措施包括：

——其他国家的提早预防，包括情报信息交换的协助；

——行动情报信息的交换，尤其是关于恐怖分子、恐怖团伙或恐怖组织行动或转移，伪造或篡改通行证件，武器、爆炸物或双重用途材料等方面的情报信息，关于恐怖分子、恐怖团伙和恐怖组织使用通信技术，恐怖团伙和恐怖组织掌握大规模杀伤性武器所带来的威胁等方面的情报信息；

——为达预防恐怖袭击实施的目的，在行政和司法问题等方面开展情报信息的合作和交换。

第五十二条　对实施或被怀疑实施恐怖性质犯罪的人员进行引渡问题的国际合作

1. 在吉尔吉斯共和国法律规定的程序内，在根据反恐怖主义领域国际条约履行国际义务中，由吉尔吉斯共和国主管机关审查和批准其他国家关于实施或怀疑实施具有恐怖主义性质犯罪人员的引渡征询。

2. 遵照个人、社会和国家安全保障的利益，实施反恐怖主义的吉尔吉斯共和国国家机关，在其领土上，对参与恐怖活动的人员开展侦查，包括具有恐怖主义性质的犯罪已在吉尔吉斯共和国境外策划或实施但对吉尔吉斯共和国会造成损害，并在吉尔吉斯共和国国际条约所规定的情况下。

3. 在拒绝向他国引渡实施或怀疑实施具有恐怖主义性质犯罪、非常住吉尔吉斯共和国的外国公民或无国籍人士的情况下，按照吉尔吉斯共和国刑法规定的基础和程序追究此类人员的刑事责任。

4. 向实施或怀疑实施具有恐怖主义性质犯罪的人员提供难民地位，不能成为拒绝将其引渡给他国请求的理由。

5. 在提供难民地位之前，吉尔吉斯共和国主管机关将根据吉尔吉斯共和国和国际法相关法律规定，保证采取适当措施，以查明寻求庇护的人员未曾策划实施具有恐怖主义性质的犯罪，未曾协助具有恐怖主义性质的犯罪，未曾参与实施具有恐怖主义性质的犯罪。

6. 庇护和难民地位不可能提供给有证据怀疑参与（参与过）恐怖活动或给恐怖活动的实施提供（提供过）协助的人员。

第十三章 对实施反恐怖主义的合法性的控制和监督

第五十三条 对实施反恐怖主义的控制

对吉尔吉斯共和国实施反恐怖主义的控制，由吉尔吉斯共和国总统、议会和政府实施。

第五十四条 对实施反恐怖主义的合法性的监督

1. 对实施反恐怖主义的执法的监督，由吉尔吉斯共和国总检察长及其下属检察官实施。

2. 吉尔吉斯共和国检察机关在其职权范围内同样采取预防恐怖活动的措施，根据吉尔吉斯共和国刑事诉讼法开展侦查，对与恐怖活动相关联的刑事案件的侦查实施监督，支持对这类案件的国家公诉，同时根据吉尔吉斯共和国法律采取其他措施。

第十四章 总结条款

第五十五条 本法的生效

本法自正式公布之日起生效。

2006年11月17日第85号《艾尔肯托报》公布

第五十六条 吉尔吉斯共和国规范性法律文件失效的确认

自本法生效之日起，确认吉尔吉斯共和国《反恐怖主义法》（《吉尔吉斯共和国议会公报》，2000年，第2期，第107页）和吉尔吉斯共和国《关于修订增补吉尔吉斯共和国若干法律文件法》第6条（《吉尔吉斯共和国议会公报》，2005年，第3期，第184页）失效。

第五十七条 使吉尔吉斯共和国规范性法律文件符合本法

自本法生效之日起三个月内向吉尔吉斯共和国政府：

——按吉尔吉斯共和国议会规定的程序，拟订和提交使吉尔吉斯共和国规范性法律文件符合本法的建议；

——使共和国规范性法律文件符合本法；

——通过规范性法律文件保证本法实施。

吉尔吉斯共和国总统　K. 巴基耶夫

比什凯克市

2006年7月31日

第135号

摩尔多瓦共和国反恐怖主义法

（2001年10月12日摩尔多瓦共和国法律第539-XV号）

本法确定摩尔多瓦共和国有关反恐怖活动的法律和组织基础，有关反恐怖专业机构行动的协调程序与中央和地方机关公共当局、社会团体和组织、公职人员和个人的相关行动，以及与反恐怖主义的实施相关联的人员的权利、义务和保障。

第一章　总则

第一条　反恐怖主义的法律基础

有关反恐怖行动的法律基础由摩尔多瓦共和国宪法、欧洲反恐怖主义公约、公认的国际法原则和准则、摩尔多瓦为多边之一的国际条约、本法及其他调节本领域关系的规范性文件构成。

第二条　基本概念

为达本法之目的使用以下基本概念：

恐怖主义——为达破坏公共安全、恐吓居民或影响公共当局或自然人做出决定之目的，实施爆炸、纵火或其他危及民众生命或造成财产巨大损害或激起其他社会危险后果的行为，以及为达同样之目的威胁实施这些行为。

恐怖活动——这一活动包括：

——策划、筹备、企图实施和实施恐怖袭击；

——教唆实施恐怖袭击、暴力侵犯自然人和法人、为达恐怖之目的摧毁物质目标；

——创建实施恐怖袭击的非法武装部队、犯罪团伙（组织）、有组织团伙，以及参与此种袭击；

——招募、武装、培训和使用恐怖分子；

——资助恐怖组织或恐怖团伙，以及向它们提供其他协助。

国际恐怖活动——这样一种恐怖活动：

——由一个以上国家境内的恐怖分子、恐怖团伙或恐怖组织实施的，给这些国家的利益造成损害的；

——由一个国家的公民针对另一个国家的公民或在另一个国家境内实施的；

——恐怖分子和恐怖主义的受害者是同一个国家或不同国家的公民，但犯罪的实施则是在这些国家境外的情况下；

具有恐怖性质的犯罪：

——企图非法劫持飞行器的违法行为；

——旨在危害民用航空安全的违法行为；

——包括蓄意侵害享有国际保护权利的人员，其中包括外交代表的生命、人身不受侵犯或自由在内的严重违法行为；

——旨在劫持人质、绑架或非法剥夺人的自由的违法行为；

——在实施中使用炸弹、手榴弹、导弹、自动枪支，以及内置危险品的邮件或包裹，类似的使用方法对民众构成危险的违法行为；

——企图实施上述违法行为之一或作为同谋参与实施或企图实施类似的违法行为。

恐怖分子——以任何形式参与开展恐怖活动的人员。

恐怖团伙——由两个及其以上人员为达恐怖行动之目的结合而成的团伙。

恐怖组织——为达实施恐怖之目的创建的或认定在其活动中有机会使用恐怖主义的组织，如果即使一个组织的一个下属部门开展恐怖活动，该组织即被认定为恐怖组织。

反恐怖主义——有关预防、查明、消除和最大限度降低恐怖活动造成的后果的活动。

反恐怖行动——旨在消除恐怖袭击、保障自然人安全、解除恐怖分子危害，以及最大限度降低恐怖袭击造成的后果的专门措施。

反恐怖行动区域——反恐怖行动实施范围内的部分地界、运输工具、大楼、建筑、设施、居所及与之相邻的领地。

劫持人质——恐怖分子或恐怖团伙，为达迫使自然人、法人、公共当局执行其要求之目的，对民众的暴力扣留。

第三条 反恐怖主义的基本原则

摩尔多瓦共和国反恐怖主义系基于以下原则：

①合法性；

②预防恐怖主义措施的优先性；

③对恐怖行为实施进行惩处的不可避免性；

④反恐怖主义公开的与非公开的方法的结合；

⑤综合运用预防的、法律的、政治的和社会经济的措施；

⑥优先保护因恐怖袭击招致危险的人员的权利，最大限度降低人的生命的损失；

⑦对恐怖分子做最低限度让步；

⑧对参与实施反恐怖行动的武装力量和手段实行领导单一责任制；

⑨最低限度对外宣传实施反恐怖行动的技术手段、战术，以及参与人员的构成。

第四条 反恐怖主义领域内的国际合作

（1）依据摩尔多瓦共和国签署的国际条约，在反恐怖主义领域内与其他国家的执法机关和特种部队，以及在该领域活动的国际组织开展合作。

（2）摩尔多瓦共和国，从保障个人、社会和国家安全利益出发，在摩尔多瓦共和国境内追捕参与恐怖活动的人员，这其中包括恐怖行为在摩尔多瓦共和国境外策划或实施，但对摩尔多瓦共和国造成损害的情况，和摩尔多瓦共和国为签署一方的国际条约所规定的其他一些情况。

第二章　反恐怖行动的组织基础

第五条　反恐怖行动的宗旨

实施反恐怖行动的目的是：

①保护个人、社会和国家免遭恐怖主义；

②预防、查明和消除恐怖活动并最大限度降低恐怖活动造成的后果；

③查明并消除促使恐怖活动实施的原因和条件。

第六条　实施反恐怖主义的机关

（1）反恐怖行动的组织及对其必要武装力量、设施和资源的保障由政府实施，政府是该领域的重要机关。实施反恐怖主义机关的行动的协调，由摩尔多瓦共和国最高安全会议实施。

（2）地方公共管理机关在法律和其他规范性文件确定的各自职权范围内参与反恐怖主义。

（3）在各自职权范围内直接实施有关反恐怖行动的机关有：

①总检察院；

②摩尔多瓦共和国信息与安全局；

③内务部；

④国防部；

⑤边防部队部；

⑥紧急情况部；

⑦国家保卫局；

⑧海关总署；

⑨信息技术部。

（4）在摩尔多瓦共和国信息与安全局、内务部、国家保卫局和司法部惩教署的构成中，根据规定创建反恐怖主义的专业化机构。

（5）其他公共管理机关，根据政府的规定，可以在各自职权范围内参与有关预防、查明和消除恐怖活动的活动。

（6）在清除、重组或更改本条所列各机关名称的情况下，其反恐怖主义的功能同时移交其权力继承者。

第七条 实施反恐怖主义的机关的职权

（1）总检察院，通过指导和实施刑事起诉，以及监控刑事起诉过程中法律遵守的情况以实施反恐怖主义。

（2）摩尔多瓦共和国信息与安全局及其地方机关，通过预防、查明和消除具有恐怖性质，包括致力于政治目的的犯罪，以及预防、查明和消除国际恐怖活动以实施反恐怖主义。依据刑事诉讼法，该部初步调查和侦查具有恐怖主义特征的刑事案件，促进保障位于其他国家境内的摩尔多瓦共和国机构、在这些机构工作的摩尔多瓦共和国公民及其家属的安全，收集有关国际恐怖组织的信息以实施反恐怖主义。

（3）内务部，通过预防、查明和消除具有恐怖性质、致力于自私自利目的的犯罪以实施反恐怖主义。

（4）在实施反恐怖行动期间，国防部保障对武装、弹药、爆炸物，以及军事目标、国家领空的保护。

（5）边防部队部及其地方部门，通过消除恐怖分子穿越摩尔多瓦共和国国家边界的企图以实施反恐怖主义。

（6）紧急情况部实施有关公民保护措施，组织有关抢救工作，采取其他有关消除恐怖行为后果的急救措施。

（7）国家保卫局保障自然人和受保护目标的安全，为达预防、查明和消除恐怖袭击未遂之目的保障收集、分析和运用有关恐怖活动的信息。该部与所有实施反恐怖主义的机关，包括其他国家的相关部门开展合作和协作。

（8）海关总署，通过预防、查明和消除穿越摩尔多瓦共和国边界运送武器、爆炸物、有毒物、放射物和其他可能被用于实施具有恐怖性质之犯罪的企图以实施反恐怖主义。

（9）信息技术部组织对实施反恐怖主义的机关的信息保障，提供信息资源给后者使用，给予专业化技术帮助以创建数据库和信息网络。

第八条 实施反恐怖主义的机关的基本功能

第六条所述中央和地方公共管理机关，根据规定，通过以下方式参与反恐怖主义：

①为达预防、查明和消除恐怖活动之目的，详细制定和实行预防的、专业的、组织的、教育的和其他的措施；

②创建打击实施具有恐怖性质犯罪的部门体系并维持这些体系的筹备水平；

③提供信息、物质技术设备、资金、运输工具和通信工具、医疗设备和药物；

④根据反恐怖主义领域内的需求实施其他功能。

第九条 实施反恐怖主义的机关的协同行动

（1）中央和地方公共管理机关、法人（不论所有制和组织—法律形式）、公职人员，应该向实施反恐怖主义的机关提供协助。

（2）向执法机关报告有关其所知悉的关于恐怖活动和其他能够促进预防、查明和消除恐怖活动，以及最大限度降低恐怖活动造成的后果的信息的其他任何一种情况，是摩尔多瓦共和国每位公民的义务。

第三章 反恐怖行动的实施

第十条 反恐怖行动的管理

（1）为达直接管理反恐怖行动之目的，根据形势，依其职权，创建由摩尔多瓦共和国信息与安全局、内务部、总检察院或国家保卫局代表领导的作战小组。

（2）作战小组的行动，由政府批准的反恐怖行动管理作战小组的规范条例予以调节。

（3）军人、工作人员和被纳入实施反恐怖行动的专家，自上述行动开始即隶属作战小组领导。

（4）根据恐怖袭击预期消极后果给社会造成危险的规模和程度，政府代表人物可能被委任为反恐怖行动领导人。

（5）作战小组领导人确定实施反恐怖行动区域的边界并通过有关为达此目的而使用武装力量和手段的决定。

（6）其他任何人（不论其所居职务），不容许干涉对反恐怖行动的作战的领导。

第十一条 实施反恐怖行动所使用的力量和手段

为达实施反恐怖行动之目的，根据政府规定，作战小组有权使用实施反恐怖主义的公共管理机关的武装力量和手段。上述机关为反恐怖行动提供人员、武装、专业设备、通信工具和运输工具以及其他必需的物质技术资源。

第十二条 实施反恐怖行动范围内的法律制度

（1）在实施反恐怖行动区域内，参与行动实施的人员有权：

①如有必要，采取临时限制或禁止运输工具和行人行动的措施；

②查验确证个人身份的证件、其他证件，如无此类证件，即可扣留上述人员以确认其身份及其他情势；

③扣留并向内务机关移交已实施或正在实施违法行为的人员或违背法律要求参与恐怖行动，以及已实施或正在实施与未经许可潜入或企图潜入反恐怖行动实施区域相关联的行动的人员；

④无障碍进入（潜入）住宅和其他居所、属于自然人的地界，以及法人（不论所有制形式和组织-法律形式）的领地和居所，如果耽延会现实危及民众的生命和健康，为达消除恐怖袭击、追缉实施恐怖袭击的嫌犯之目的，使用自然人和法人的运输工具；

⑤在进入反恐怖行动实施区域和离开该区域时，对运输工具、人员及其所属财产实施查验，包括使用技术手段；

⑥为达公务之目的，使用属于自然人和法人（不论所有制形式和组织-法律形式）的通信工具和运输工具。

（2）大众媒体的代表在反恐怖行动实施区域内的活动，由作战小组协调。

第十三条 与恐怖分子谈判

（1）在实施反恐怖行动期间，为达保护民众生命和健康、物质财产，以及研究在不使用武装力量的情况下可能消除恐怖袭击的目的，容许与恐怖分子进行谈判。

（2）唯有作战小组领导人专门委任的人员，才能与恐怖分子进行谈判。

（3）关于向恐怖分子提供无论何人、向恐怖分子提供武器和其他能够危及民众生命和健康的物品和设施的问题，以及关于执行恐怖分子政治要求的问题，都不能成为谈判目标。

（4）与恐怖分子进行谈判不能成为免除追究其实施该罪行责任的理由或条件。

第十四条　让公众知情恐怖袭击

（1）在实施反恐怖行动期间，根据作战小组领导人或负责与舆论保持联系的上述小组代表的规定和确定的范围，让公众知情恐怖袭击。

（2）不容许传播以下信息：

①暴露实施反恐怖行动的专业技术手段和战术的信息；

②能够使反恐怖行动的实施变得复杂并给身处反恐怖行动实施区域之内或上述区域之外的人员的生命和健康构成威胁的信息；

③宣传或替恐怖主义和极端主义辩护的信息；

④关于反恐怖主义专业化机构工作人员、作战小组成员，以及关于协助实施行动的人员的信息。

（3）在实施行动期间，公众知情要保证遵守有关保护国家秘密，以及关于有关的保护秘密信息来源的法律条例。

第十五条　反恐怖行动的结束

（1）当恐怖袭击最终被消除（终止）和身处反恐怖行动实施区域内的人员的生命和健康威胁解除时，反恐怖行动即告结束。

（2）关于宣告反恐怖行动结束的决定，由作战小组领导人通过。

第四章 补偿恐怖袭击造成的损害，对恐怖袭击受害者进行社会康复

第十六条 补偿恐怖袭击造成的损害

（1）因恐怖袭击而造成的损害，由该袭击实施所在地地方行政单位预算资金予以补偿，随后依法向施害者追偿相应的金额。

（2）如果在一个或多个地方行政单位境内实施的恐怖袭击所造成的损害规模，超出地方行政单位预算对其补偿的能力，那么这种补偿由国家预算予以实施，随后依法向施害者追偿相应的金额。

（3）因外国公民在摩尔多瓦共和国境内实施恐怖袭击而造成的损害，由国家预算资金予以补偿，随后向施害者追偿相应的金额。

第十七条 对恐怖袭击受害者的社会康复

（1）对恐怖袭击受害者实施社会康复，旨在恢复其正常的生活，其中包括对上述人员的法律援助，其心理的、医疗的和职业的康复，直至劳动能力的恢复、工作的安排和住宿的保障。

（2）恐怖袭击受害者，以及第18条所述人员的社会康复，由国家预算资金和恐怖袭击实施所在地的地方行政单位预算予以补偿。

（3）恐怖袭击受害者的社会康复程序，由政府确定。

第五章 参与反恐怖主义的人员的法律和社会保护

第十八条 参与反恐怖主义的人员的法律和社会保护

（1）参与反恐怖主义的人员，受国家保护。享有法律和社会保护的人员有：

①直接参与（已参与）反恐怖主义的军人、工作人员和公共管理机关的专家；

②在预防、查明和消除恐怖活动，以及最大限度降低恐怖活动所造成

的后果方面，长期或临时向实施反恐怖主义的机关提供协助的人员；

③因本条①款和②款所述参与反恐怖主义者的家属。

（2）参与反恐怖主义的人员的法律和社会保护，依现行法律予以实施。

第十九条 对参与反恐怖主义的人员造成的损害予以补偿

（1）第十八条所述人员，因其参与反恐怖主义而造成的健康或财产损害，依法定程序予以补偿。

（2）如果参与反恐怖主义的人员在反恐怖行动期间死亡的情况下，死者家庭及其受扶养（或赡养）者一次性获得数额为死者十年扶养（或赡养）费的补助金。除此之外，自上述人员死亡之日起五年内，根据工资额度，支付受死者扶养（或赡养）的人员每月赡养费。五年期满，受死者扶养（或赡养）的人员依法定程序，发放给供养人死亡抚恤金，给予他们死者所享有的优待条件。

（3）如果参与反恐怖主义的人员在实施反恐怖行动期间受伤致残，依据现行法律规定的程序，根据此人的法律地位，将从国家预算中获得一次性补助金和相应的抚恤金。

（4）如果参与反恐怖主义的人员在实施反恐怖行动期间受伤未致残，依据现行法律规定的程序，将从国家预算中获得一次性补助金。

第二十条 造成损害责任的免除

（1）在实施反恐怖行动期间，在立法基础上及其所规定的范围内，容许对恐怖分子的健康（包括剥夺生命）实施强制性损害。

（2）参与反恐怖主义的人员，免于追究在实施反恐怖行动期间造成恐怖分子损害的责任。

第二十一条 工龄的优惠计算

在反恐怖主义专业化机构服务（服务过）的军人、工作人员和专家，退休金工龄按服务一天当一天半计算，而直接参与反恐怖行动的退休金工龄——则按服务一天当三天计算。

第六章　追究实施恐怖活动的责任

第二十二条　追究实施恐怖活动的责任

实施恐怖活动的犯罪分子，依现行法律追究责任。

第二十三条　恐怖活动案件的刑事诉讼和民事诉讼特点

根据有关具有恐怖性质的犯罪案件，以及有关对因恐怖袭击造成损害的补偿案件的审级决定，可遵循诉讼程序规则以非公开审判大会予以审理。

第二十四条　追究实施恐怖活动的组织的责任

（1）只有在审级决定基础上，才能认定一个组织是恐怖组织并应予以取缔。在组织被认定为恐怖组织的情况下，其所属财产即被没收并充公。

（2）在摩尔多瓦共和国境外注册的国际组织被审级认定为恐怖组织的情况下，其在摩尔多瓦共和国境内的活动即被禁止，该组织的部门、分支或代表机关即被取缔，而其所属财产即被没收并充公。

第七章　控制和监督

第二十五条　对实施反恐怖主义的控制

对实施反恐怖主义的控制，由摩尔多瓦共和国议会、总统、政府和审判机关在各自职权范围内实施。

第二十六条　在反恐怖主义期间对遵守法律的监督

（1）在反恐怖主义期间对遵守法律的监督，由总检察院实施。

（2）总检察院在其职权范围内实施有关防止恐怖活动的措施，开展初步调查，监督与恐怖活动相关联的刑事案件的侦查。

第八章 总结和过渡条款

第二十七条　两个月内向政府：

向议会提交有关使现行法律与本法相适应的提案；

通过执行本法必需的规范性文件；

保障各部委修订和废止与本法相抵触的规范性文件。

俄罗斯联邦反恐怖主义联邦法

2006年2月26日国家杜马通过

2006年3月1日联邦委员会赞同

（2006年7月27日联邦法第153-Ф3号文本）

本联邦法确定反恐怖主义的基本原则，预防恐怖主义和实施反恐怖主义、最大限度降低和（或）消除恐怖主义产生的后果的法律和组织基础，以及在反恐怖主义中使用俄罗斯联邦武装力量的法律和组织基础。

第一条　反恐怖主义的法律基础

反恐怖主义的法律基础由俄罗斯联邦宪法、公认的国际法原则和准则、俄罗斯联邦国际条约、本联邦法和其他联邦法、俄罗斯联邦总统规范性法律文件、俄罗斯联邦政府规范性法律文件，以及与之相适应的国家政权其他联邦机关规范性法律文件构成。

第二条　反恐怖主义的基本原则

俄罗斯联邦反恐怖主义系基于以下基本原则：

（1）保障和保护人和公民的基本权利和自由；

（2）法制；

（3）优先保护招致恐怖威胁人员的权利和合法利益；

（4）惩罚实施恐怖活动的不可避免性；

（5）政治的、宣传—信息的、经济—社会的、法律的、专门的和其他的反恐怖主义措施的系统性和综合运用；

（6）国家、社会团体和宗教团体、国际组织和其他组织、公民在反恐怖主义行动中的合作；

（7）预防恐怖主义措施的优先性；

（8）实施反恐怖行动期间所使用武装力量和手段的统一领导责任制；

（9）反恐怖主义公开的与非公开的方法的结合；

（10）关于反恐怖主义措施实施的专业设施、技术方法、战术，以及有关其参与者构成的信息的保密性；

（11）对恐怖分子不做政治让步；

（12）最大限度降低和（或）消除恐怖主义产生的后果；

（13）反恐怖主义措施与恐怖危险程度相称。

第三条　基本概念

本联邦法中使用以下基本概念：

（1）恐怖主义——促使国家政权机关、地方自治机关或国际组织通过与恐吓民众和（或）其他形式违法暴力行为相关联的暴力思想和实践。

（2）恐怖活动——包括以下内容的活动：

①组织、策划、筹备、资助和实施恐怖袭击；

②教唆实施恐怖袭击；

③为实施恐怖袭击组织非法武装部队、犯罪团体（犯罪组织）、有组织团伙，并参与这种机构；

④招募、武装、培训和利用恐怖分子；

⑤组织、筹备或实施恐怖袭击的信息或其他共谋；

⑥宣传恐怖主义思想、传播号召实施恐怖活动或为必须实施这种活动证明或辩护的材料或信息。

（3）恐怖袭击——为达促使政权机关或国际组织通过决定的目的而实施爆炸、纵火或其他恐吓民众和危及人生命的行为、造成财产重大损害或其他严重后果，并为达同一目的而威胁实施上述行为。

（2006年7月27日联邦法第153-Ф3号第3款）

（4）反恐怖主义——国家政权机关和地方自治机关关于以下情况的活动：

①预防恐怖主义，包括查明和随之对促使实施恐怖袭击的原因和条件

的消除（反恐怖主义）；

②查明、预防、消除、揭露和侦查恐怖袭击（反恐怖主义）；

③最大限度降低和（或）清除恐怖主义表现的后果。

（5）反恐怖行动——专业的、作战的、军事的，或其他使用作战技术、武器和消除恐怖袭击的专业工具，解除恐怖分子危害，保障自然人、组织和机关安全的，以及最大限度降低恐怖袭击后果的综合措施。

第四条　俄罗斯联邦在反恐怖主义领域内的国际合作

1.俄罗斯联邦依据俄罗斯联邦国际条约在反恐怖主义领域内与外国、外国执法机关、专业部队，以及国际组织开展合作。

2.俄罗斯联邦从保障个人、社会和国家利益出发，依据俄罗斯联邦法律，在自己境内追缉被控（被疑）参与恐怖主义的人员。

第五条　反恐怖主义的组织基础

1.俄罗斯联邦总统：

（1）确定反恐怖主义领域内国家政策的基本方针；

（2）确定联邦执行权力机关的权限，实施对这些权力机关反恐怖行动的领导；

（3）根据规定程序，通过有关在俄罗斯联邦境外使用俄罗斯联邦武装力量部队和打击针对俄罗斯联邦或俄罗斯联邦公民或常驻俄罗斯联邦的无国籍人士的恐怖活动的特种部队的决定。

（2006年7月27日联邦法第153-Φ3号第一部分）

2.俄罗斯联邦政府：

（1）确定联邦执行权力机关的权限，实施对这些权力机关在反恐怖主义领域内行动的领导；

（2）组织制定和实施有关预防恐怖主义和最大限度降低和（或）清除恐怖主义表现的后果的措施；

（3）组织必要的力量、手段和资源以保障联邦执行权力机关、俄罗斯联邦各主体执行权力机关和地方自治机关有关反恐怖主义的行动。

3.联邦执行权力机关、俄罗斯联邦各主体国家权力机关和地方自治机关在各自职权范围内实施反恐怖主义。

4. 为达保障协调联邦执行权力机关、俄罗斯联邦各主体执行权力机关和地方自治机关有关反恐怖行动的目的，根据俄罗斯联邦总统的决定可以组建由联邦国家权力机关、俄罗斯联邦各主体国家权力机关和其他人员构成的机关。为执行上述机关的决定可以颁布上述机关文件（共同文件），其代表即为相应机关成员。

第六条 使用俄罗斯联邦武装力量反恐怖主义

在反恐怖主义中俄罗斯联邦武装力量可用于：

（1）消除用于实施恐怖袭击或被恐怖分子劫持的飞行器飞行；

（2）消除俄罗斯联邦内水和领海内、俄罗斯联邦大陆架从事海洋生产活动的工程上的恐怖袭击，并保障国家海运的安全；

（3）根据俄罗斯联邦现行法律的规定程序参与实施反恐怖行动；

（4）消除俄罗斯境外的国际恐怖活动。

第七条 消除空中恐怖袭击

1. 俄罗斯联邦武装力量，根据俄罗斯联邦规范性法律文件确定的程序，为达清除空中恐怖袭击威胁的目的或为达消除此类恐怖袭击的目的，使用武器和军事技术。

2. 如果飞机对地面控制台发出的终止破坏俄罗斯联邦领空使用规则的无线电指令和（或）俄罗斯联邦武装力量升空飞行器对其进行拦截的无线电指令和视觉信号不做回应或不做原因解释，拒绝服从无线电指令和视觉信号的，俄罗斯联邦武装力量为消除上述飞机飞行而使用武器和军事技术迫其降落。如果飞机不服从降落的要求并对民众构成现实的死亡危险或造成生态灾难，为消除上述飞机飞行而使用武器和军事技术将其摧毁。

3. 如果有确切的关于可能使用飞机以实施恐怖袭击或劫持飞机的信息并因此而为使其降落用尽已有状况下所有必需的措施，和存在着对民众构成现实的死亡危险或造成生态灾难的，俄罗斯联邦武装力量为消除上述飞机飞行而使用武器和军事技术将其摧毁。

第八条 消除俄罗斯联邦内水、领海、大陆架的恐怖袭击并保证国家海运的安全

1. 俄罗斯联邦武装力量，根据俄罗斯联邦规范性法律文件确定的程序，

为达在俄罗斯联邦内水、领海、大陆架消除恐怖袭击威胁和保障包括海底在内的国家海运安全的目的，或为达清除此类恐怖袭击的目的而使用武器和军事技术。

2. 如果海船或河船和轮船（航行工具）对终止破坏俄罗斯联邦水域使用规则的指令和（或）信号不做回应或拒绝服从停泊要求的，俄罗斯联邦武装力量为达消除恐怖行为威胁的目的而使用军舰（飞行器）上的武器以迫使航行工具停泊。如果航行工具不服从停泊要求和（或）无法迫使其停泊并因此而为使其停泊用尽已有状况下所有必需的措施，和存在着对民众构成现实的死亡危险或造成生态灾难的，俄罗斯联邦武装力量为消除航行工具运动而使用军舰（飞行器）上的武器和军事技术将其摧毁。

第九条 俄罗斯联邦武装力量参与反恐怖行动的实施

1. 俄罗斯联邦武装力量分支和军队各部，根据俄罗斯联邦规范性法律文件确定的程序，依反恐怖行动领导人的决定，参加实施反恐怖行动。

2. 俄罗斯联邦武装力量集团，根据俄罗斯联邦规范性法律文件确定的程序，依俄罗斯联邦总统的决定，参加实施反恐怖行动。

3. 用以参加实施反恐怖行动的俄罗斯联邦武装力量分支、军队各部和集团，根据俄罗斯联邦规范性法律文件，使用军事技术、武器和专门工具。

第十条 俄罗斯联邦武装力量在俄罗斯联邦领土境内完成消除国际恐怖活动的任务

1. 俄罗斯联邦武装力量，依据俄罗斯联邦国际条约、本联邦法和其他联邦法，通过以下方式消除俄罗斯联邦境外的国际恐怖活动：

（1）使用武器装备从俄罗斯联邦领土打击其境外的恐怖分子和（或）恐怖基地；

（2）利用俄罗斯联邦武装力量部队执行消除俄罗斯联邦领土境外国际恐怖活动的任务。

2. 关于使用武器装备从俄罗斯联邦领土打击其境外的恐怖分子和（或）恐怖基地的决定，由俄罗斯联邦总统通过。

3. 关于利用俄罗斯联邦境外俄罗斯联邦武装力量部队执行消除国际恐

怖活动任务的决定，由俄罗斯联邦总统在俄罗斯联邦会议联邦委员会决议基础上通过。

4.俄罗斯联邦武装力量部队总数、其行动地区、其所面临的任务、逗留俄罗斯联邦境外的期限和更换程序，由俄罗斯联邦总统决定。

5.失效。——2006年7月27日联邦法第153-Ф3号。

6.关于俄罗斯联邦武装力量部队撤回的决定，由俄罗斯联邦总统在以下情况下做出：

（1）执行赋予他们的有关消除国际恐怖活动的任务；

（2）其继续逗留俄罗斯联邦境外的不适合性。

7.俄罗斯联邦总统向俄罗斯联邦会议联邦委员会通报有关俄罗斯联邦武装力量部队撤回的信息。

8.被派往俄罗斯联邦境外的俄罗斯联邦武装力量部队，由现役军人在自愿基础上根据合同补充兵员。上述军人要通过初步专业训练。

9.俄罗斯联邦武装力量部队物质技术设施的保障及对其构成中的军人的医疗和其他形式保障的提供，由俄罗斯联邦政府实施。

10.为保障俄罗斯联邦武装力量部队的行动，俄罗斯联邦政府根据俄罗斯联邦总统的委托，通过有关在公民成员自愿基础上向俄罗斯联邦境外派出的决定。俄罗斯联邦政府决定上述成员的行动地区、所面临的任务、他们逗留俄罗斯联邦境外的期限、更换程序，并解决其保障问题。

11.根据本条第10部分，有关被派往俄罗斯联邦境外的公民成员撤回的决定，与有关俄罗斯联邦武装力量部队撤回的决定，同时由俄罗斯联邦总统做出。有关上述公民成员撤回的决定，由俄罗斯联邦总统做出，如果这些成员不再合适继续逗留俄罗斯联邦境外的情况下，根据其委托，由俄罗斯联邦政府做出。

第十一条　反恐怖行动的法律制度

1.为达消除和揭露恐怖袭击、最大限度降低其后果和保护个人、社会和国家重大利益的目的，依本联邦法第十二条第2部分通过有关实施反恐怖行动决定的公职人员的决定，在实施反恐怖行动领土界内可以在反恐怖行动期间适用反恐怖行动法律制度。

2. 有关反恐怖行动法律制度（包括该制度所使用领土界内［目标名单］，和所采取措施和临时限制名单的定义）适用的决定和有关反恐怖行动法律制度废止的决定，应该立即予以公布。

3. 根据俄罗斯联邦法律规定的程序，在适用反恐怖行动法律制度领土界内（目标），在反恐怖行动实施期间容许使用以下措施和临时限制：

（1）查验确认自然人个人身份的证件，如无此类证件——将上述人员移交俄罗斯联邦内务机关（其他主管机关）以确认身份；

（2）从个别地段和目标将自然人驱离，以及拖离运输工具；

（3）加强维护社会秩序、应受国家保护的目标，和保障民众生命活动及运输功能的目标，以及具有特殊物质、历史、科学、艺术或文化价值的目标；

（4）为达查明有关实施恐怖袭击情势、有关已准备和已实施恐怖袭击的人物的信息的目的，和为达防止实施其他恐怖袭击的目的，对电话对话和其他通过电信系统渠道传输的信息进行监控，以及在电子通信渠道和邮件中搜寻；

（5）为将需要紧急医疗救助的人员送达医疗机构，以及为调查被疑实施恐怖袭击的人员，如果拖延会对民众的生命或健康造成现实威胁，使用属于组织（不论所有制形式）（除外交代表机关、领事和其他外国和国际组织的机构外）的运输工具，以及在紧急情况下使用属于自然人的运输工具；与使用这些运输工具相关联的费用的补偿程序，由俄罗斯联邦政府确定；

（6）终止使用爆炸、放射、化学和生物危险物的危险生产和组织的活动；

（7）终止向法人和自然人提供通信服务或限制使用通信网络和通信设施；

（8）临时将生活在采取反恐怖行动法律制度领土界内的自然人迁移到安全地区且必须向这些人员提供固定的或临时的居所；

（9）实施检疫，开展卫生防疫、兽医和其他检疫措施；

（10）限制街道、个别地段和目标上的运输工具和行人行动；

（11）实施反恐怖行动的人员无障碍潜入属于自然人的住宅及其他居所和属于他们的地段、领土和组织（不论所有制形式），以实施反恐怖主义措施；

（12）在前往采取反恐怖行动法律制度的领土界内和离开上述领土期间，查验自然人及其随身携带物品，以及查验运输工具及其所载物品，包括使用技术手段；

（13）限制或禁止出售武器、弹药、爆炸物、专业工具和有毒物质，制定含有麻醉剂、精神或烈性物质的药物和制剂、乙醇、酒精和含酒精产品流通的特殊制度。

4. 在采取反恐怖行动法律制度的领土界内的个别地段，既可以确立（采取）本条第3部分所规定的整体综合措施及临时限制，也可以确立（采取）局部措施及临时限制。

第十二条　实施反恐怖行动的条件

1. 如果通过其他力量或方法无法消除恐怖袭击，那么则实施反恐怖行动予以消除。

2. 关于实施反恐怖行动和关于停止反恐怖行动的决定，由安全保障领域的联邦权力执行机关的领导人或根据其命令由另外一名安全保障领域的联邦权力执行机关的公职人员，或者如果安全保障领域的联邦权力执行机关的领导人没有通过其他的决定，则由安全保障领域的联邦权力执行机关的地方机关的领导人通过。

3. 如果为实施反恐怖行动需要极大的力量和手段且该行动覆盖大量民众长期居住的领土的情况下，安全保障领域的联邦权力执行机关的领导人向俄罗斯联邦总统、俄罗斯联邦政府总理、俄罗斯联邦会议联邦委员会主席、俄罗斯联邦会议国家杜马主席、俄罗斯联邦总检察院和必要情况下的其他公职人员，通告有关反恐怖行动采取的法律制度和有关反恐怖行动实施领土界内的情况。

第十三条　对反恐怖行动的领导

1. 对反恐怖行动的领导，由专门负责实施反恐怖行动的领导人实施。

2. 反恐怖行动领导人：

（1）确定作战指挥部的结构和工作程序，以及被纳入作战指挥部的公职人员的任务和作用；

（2）确定实施反恐怖行动必需的力量和手段的构成，以及通过有关吸纳其他人员参与作战指挥部工作的决定；

（3）向作战指挥部下达有关准备实施反恐怖行动的意图和建议；

（4）根据安全保障领域的联邦权力执行机关，与管理国防、内务、司法、外交、民防、紧急状况下民众和领土保护、火灾安全保障和水体上民众安全等问题的联邦权力执行机关相一致的规范性法律文件确定的程序，运用实施反恐怖行动和最大限度降低恐怖袭击后果必需的这些机关，以及俄罗斯联邦主体的执行权力机关和执行权力各机关的力量和手段；

（5）确定负责与大众媒体和社会舆论代表保持联系的作战指挥部代表。

（6）确定采取反恐怖行动法律制度界内的领土（目标）和确定本联邦法第十一条第3部分规定的综合措施及临时限制，关于此点由批准实施反恐怖行动决定的公职人员立即予以通告。

（7）批准有关实施反恐怖行动的决定并下达作战指令（战斗命令）；

（8）执行有关领导反恐怖行动的其他职权。

第十四条 作战指挥部的权限

1.作战指挥部及其构成，根据依俄罗斯联邦总统规定的程序予以确定。

2.作战指挥部：

（1）为达确定恐怖袭击准备或实施的性质和规模的目的，收集有关情势的消息，总结、分析和评估信息；

（2）准备有关实施反恐怖行动的意图和建议；

（3）详细制定实施反恐怖行动的计划和确定上述计划之后对其执行组织监控；

（4）准备作战指令（战斗命令）、其他确定准备和实施反恐怖行动的程序、反恐怖行动法律制度的文件；

（5）组织用于实施反恐怖行动的力量和手段的协同行动；

（6）采取有关防止和最大限度降低恐怖袭击后果的其他措施。

第十五条　实施反恐怖行动使用的力量和手段

1.对恐怖袭击的制止，由联邦安全部队各机关力量和手段，以及所创建的力量和手段予以部署实施。

2.为实施反恐怖行动，根据反恐怖行动领导人的决定创建力量和手段，予以部署。

3.在力量和手段部署中可以包括俄罗斯武装力量的下属机构、军队各部和集团，管理安全、国防、内务、司法、民防、紧急状况下民众和领土保卫、火灾安全保障和水体上民众安全问题的执行权力各联邦机关的下属机关，和执行权力其他各联邦机关，以及俄罗斯联邦各主体执行权力机关的下属机关。

4.对纳入集团构成的力量和手段的统一管理，包括本条第3部分所述执行权力各联邦机关代表和下属机关的管辖，由反恐怖行动领导人实施。所有被用于实施反恐怖行动的军人、工作人员和专家，自反恐怖行动开始至结束归反恐怖行动领导人管辖。

5.自反恐怖行动领导人发布有关实施反恐怖行动的命令始，被纳入的力量和手段的下属机关领导人，直接管理受其领导的下属机关和配属给他们的兵力。除反恐怖行动领导人之外的任何其他人（不论所居职位），不容许对这些下属机关的管理进行干涉。

6.本条第3部分所述联邦权力执行机关参与反恐怖行动的下属机关，根据俄罗斯联邦规范性法律文件，使用军事技术、武器和专门工具。

第十六条　反恐怖行动中的谈判

1.为达保护民众生命和健康的目的，可以由反恐怖行动领导人专门委任的人员进行谈判。

2.与恐怖分子进行谈判时不得考虑他们所提出的政治要求。

第十七条　反恐怖行动的结束

1.如果恐怖袭击被消除（被终止）和对处于反恐怖行动实施界内民众的生命、健康、财产和其他受法律保护的利益的威胁被清除，反恐怖行动即告结束。

2.批准实施有关反恐怖行动决定的人员，根据反恐怖行动领导人的提议，宣布反恐怖行动结束。

第十八条自2007年1月1日始生效（本文件第二十七条第2款）。

第十八条　补偿因恐怖袭击造成的损害

1. 根据俄罗斯联邦政府规定的程序，国家对因恐怖袭击造成损害的自然人和法人实施补偿。因恐怖袭击造成的精神损害补偿，由实施恐怖袭击的人员承担。

2. 在消除恐怖袭击期间因合法行为造成损害的补偿，根据俄罗斯联邦政府规定的程序，依俄罗斯联邦法，由联邦预算资金承担。

3. 在消除恐怖袭击期间因合法行为造成参与恐怖袭击的人员健康和财产的损害，以及造成此人死亡的损害，不应给予补偿。

第十九条自2007年1月1日始生效（本文件第二十七条第2款）。

第十九条　对恐怖袭击受害者实施社会康复

为达使恐怖袭击受害者社会适应及其融入社会的目的，对恐怖袭击受害者，以及本联邦法第二十条所述人员实施社会康复，包括心理的、医疗的和职业的康复、法律援助、促进就业、提供住房，并根据俄罗斯联邦政府确定的程序由联邦预算资金，以及实施恐怖袭击境内的俄罗斯联邦各主体预算资金和俄罗斯联邦法规定的其他资金来源予以承担。

第二十条　参与反恐怖主义、应受法律和社会保护的人员范围

1. 参与反恐怖主义的人员受国家保护并应受法律和社会保护。属于这类人员的有：

（1）实施反恐怖主义的联邦权力执行机关的军人、工作人员和专家；

（2）长期或临时协助实施反恐怖主义的联邦权力执行机关查明、预防、消除、揭露和追查恐怖袭击并最大限度降低其后果的人员；

（3）本部分第1和2款所述人员家属，如果上述人员因参与反恐怖主义而必须对其家属提供保护的。

2. 参与反恐怖主义的人员的社会保护，根据俄罗斯联邦政府规定的程序，经考虑俄罗斯联邦法和其他规范性法律文件所确定这些人员的法律地位，予以实施。

第二十一条自2007年1月1日始生效（本文件第二十七条第2款）。

第二十一条 补偿参与反恐怖主义的人员遭受的损害及其社会保护措施

1. 对本联邦法第二十条所述人员，因其参与反恐怖主义而遭受损害的补偿，根据俄罗斯联邦政府规定的程序，依俄罗斯联邦法予以实施。

2. 如果参与实施反恐怖主义措施的人员死亡，死者家属及其被赡养人（或扶养人），如果有权获得这些补偿，将获得数额为60万卢布的一次性补助并保障获得住房、住房货币补偿和公用住宅。死者无劳动能力的家属及其被赡养人（扶养人），领取供养人死亡抚恤金。

3. 如果参与实施反恐怖主义措施的人员因伤致残，依俄罗斯联邦法，由联邦预算资金支付其数额为30万卢布的一次性补助并领取抚恤金。

4. 如果参与实施反恐怖主义措施的人员受伤未致残，获得数额为10万卢布的一次性补助。

5. 如果参与实施反恐怖主义措施的人员的财产遭受损失或损害，根据俄罗斯联邦政府规定的程序，有权获得受损财产的等价补偿。

6. 根据俄罗斯联邦法律，在同时出现可用于上述一次性支付的若干根据的情况下，将根据获取人的选择按一种理由予以支付。

第二十二条 合法损害

在消除恐怖袭击或实施反恐怖主义其他措施期间，经俄罗斯联邦法规定或许可的行为，剥夺正在实施恐怖袭击人员的生命，以及损害此类人员的健康或财产或个人、社会或国家其他受法律保护的利益，是合法的。

第二十三条自2007年1月1日始生效（本文件第二十七条第2款）。

第二十三条 工龄的优惠计算，参与反恐怖主义的人员的保障和补偿

1. 在直接实施（已实施）反恐怖主义的下属机关服役（服过役）的联邦权力执行机关的军人和工作人员，发放养老金的役龄（工龄）按服役一天当一天半计算，而直接参与反恐怖行动的时间的役龄（工龄），则按服役一天当三天计算。

2. 联邦权力执行机关的军人和工作人员直接参与反恐怖行动的期限，在发放养老金时按优惠役龄（工龄）计算，根据俄罗斯联邦政府确定的程序予以确定。

咨询专家附加：注释d

关于涉及向参与俄罗斯联邦北高加索地区境内反恐怖行动，以及保障法律秩序和公共安全的联邦权力执行机关的工作人员提供规定外保障和补偿的问题，参见2004年2月9日《俄罗斯联邦政府命令》第65号。

3.直接参与反恐怖主义的联邦权力执行机关的军人和工作人员，由俄罗斯联邦总统和俄罗斯联邦政府确定军职工资（职务工资）并考虑晋升，同时确定规定外保障和补偿。

第二十四条 追究参与恐怖主义的组织的责任

1.俄罗斯联邦禁止创建其目的或行为旨在宣传、支持和替恐怖主义辩护的组织的活动或禁止实施俄罗斯联邦刑法第205-206、208、211、277-280、282.1、282.2和360条规定的犯罪。

2.如果一个组织以其名义或从其利益出发组织、筹备和实施俄罗斯联邦刑法第205-206、208、211、277-280、282.1、282.2和360条规定的犯罪的情形下，以及如果上述行为由监控该组织实现其权利和义务的人员实施的情况下，该组织即被认为是恐怖组织并根据法院基于俄罗斯联邦总检察院或其下属检察院声明做出的决定应予取缔。法院关于取缔该组织（禁止其活动）的决定扩及于该组织所在地区及其他下属机构。

3.根据本条规定的理由被取缔的组织在满足债权人要求之后剩余的财产，应根据俄罗斯联邦政府规定的程序没收并充公。关于上述财产没收并充公的决定与关于取缔该组织的决定由法院批准。

4.本条规定扩及于外国组织和国际组织，以及其驻俄罗斯联邦下属部门、分支机构和代表处。

5.安全保障领域内的联邦权力执行机关持有俄罗斯联邦法院认为是恐怖组织（包括外国组织和国际组织）的联邦统一名单。上述名单应该在俄罗斯联邦政府确定的正式的定期出版物上予以公布。

第二十五条 对协助反恐怖主义的奖励

1.对协助查明、预防、消除、揭露和追查恐怖袭击，查明和拘捕筹备、实施或已实施此种袭击的人员，可以从联邦预算资金中给予货币奖励。

2.货币奖励支付的财政来源，由俄罗斯联邦政府确定。

3.货币奖励的支付数额、理由和程序，由安全保障领域的联邦执行权力机关确定。

第二十六条 关于对俄罗斯联邦个别法律条款（法律条例）失效的承认

1.自本联邦法生效之日起承认失效的法律条款有：

（1）1998年7月25日联邦法第130-Φ3号《反恐怖主义法》第1-16、18、19、21和23-27条（《俄罗斯联邦法律汇编》，1998年，第31号，第3808页）；

（2）2002年11月21日联邦法第144-Φ3号《关于对俄罗斯联邦〈关于反恐怖主义〉法的补充》（《俄罗斯联邦法律汇编》，2002年，第47号，第4634页）；

（3）2003年6月30日联邦法第86-Φ3号《关于俄罗斯联邦某些法律文件的变更和补充，确认俄罗斯联邦个别法律文件的失效，向内务机关、麻醉药品和精神药物控制机关以及因实施完善国家管理措施而被废除的联邦税务警察机关工作人员提供个别保障的法律》（《俄罗斯联邦法律汇编》，2003年，第27号，第2700页）。

2.自2007年1月1日起确认失效的法律条款有：

（1）1998年7月25日联邦法第130-Φ3号《反恐怖主义法》（《俄罗斯联邦法律汇编》，1998年，第31号，第3808页）；

（2）2000年8月7日联邦法第122-Φ3号《俄罗斯联邦补助和社会偿付金额的确定程序》（《俄罗斯联邦法律汇编》，2000年，第33号，第3348页）第4条第22款；

（3）2004年8月22日联邦法第122-Φ3号《关于俄罗斯联邦法律文件的变更和俄罗斯联邦某些法律文件失效的确认，因批准联邦法〈关于俄罗斯联邦主体国家立法（代表）和权力执行机关组织普遍原则〉和〈俄罗斯联邦地方自治组织普遍原则〉（《俄罗斯联邦法律汇编》，2004年，第35号，第3607页）的变更和补充》第106条。

第二十七条 本联邦法的生效

1.除本联邦法第十八、十九、二十一和二十三条外，本联邦法自正式颁布之日始生效。

2. 本联邦法第十八、十九、二十一和二十三条自2007年1月1日始生效。

俄罗斯联邦总统　B.普京

2006年3月6日莫斯科克里姆林宫第35-Φ3号

塔吉克斯坦反恐怖主义法

（1999年11月16日塔吉克斯坦共和国法律第845号）

本法确定塔吉克斯坦共和国反恐怖主义的法律和组织基础。

第一节　总则

第一条　本法的宗旨

本法的宗旨是：

贯彻国家在反恐怖主义领域内的政策；

履行塔吉克斯坦共和国在反恐怖领域内的国际义务；

法律调节与反恐怖主义相关的关系；

在共和国民众中形成对恐怖主义的不容忍环境；

查明、预防和消除恐怖活动，清除产生恐怖主义的原因和条件。

第二条　反恐怖主义的法律基础

塔吉克斯坦反恐怖主义的法律基础由塔吉克斯坦共和国宪法、塔吉克斯坦共和国刑法、本法、塔吉克斯坦共和国其他法律文件，以及塔吉克斯坦作为参加者的国际条约。

第三条　恐怖主义的概念

恐怖主义，也就是针对自然人使用暴力或威胁使用暴力，针对法人使用强制手段或威胁使用强制手段，以及摧毁或威胁摧毁（损害）自然人或法人的财产或其他物质目标，给民众制造死亡危险；为达破坏公共安全、恐吓民众或促使权力机关通过有利于恐怖分子的决定，或满足其非法财产和（或）其他利益之目的，造成重大财产损害或构成其他社会危险后果；以及为达削弱宪法制度基础和国家安全之目的，和为达终止国务活动或其他政治活动或对这一活动实施报复之目的，蓄意侵犯国务活动家或社会活动家的生命；以及为达扰乱局势或促使国家机关通过决定或阻碍政治或社会活动之目的，因国务活动家或社会活动家或政权代表之国务活动或社会活动而遭企图杀害、身体损害；以及袭击享有国际保护的外国代表或国际组织工作人员，或与之一起生活的家属，和袭击享有国际保护的人员的公务场所或住宅或运输工具，如果这些行为的实施旨在挑起战争或使国际关系复杂化。

第四条 本法使用的概念

本法使用的概念如下：

恐怖袭击——以爆炸，纵火，使用或威胁使用核爆炸装置、放射性、化学、生物、易爆、毒素、有毒、烈性、剧毒物质的形式直接实施具有恐怖性质的犯罪；摧毁、损害或劫持运输工具或其他目标；蓄意侵犯国务活动家或社会活动家，国家、民族、宗教或其他民众团体代表；劫持人质、绑架；通过为技术性失事和灾难创造条件造成非确定人员生命、健康或财产损害的危险或现实威胁制造这些危险；以任何形式和任何手段扩散威胁。

实施其他给人造成死亡危险的行为；造成重大财产损害或构成其他社会危险后果。

恐怖性质的犯罪——塔吉克斯坦刑法第179-182、185、187、310和402条规定的犯罪。可归属恐怖性质犯罪的有塔吉克斯坦共和国刑法规定的、为达到恐怖之目的而实施情况下的其他犯罪。因此，依塔吉克斯坦共和国刑法追究实施这些犯罪的责任。

恐怖团伙——为达实施恐怖活动之目的而联合在一起的人员。

恐怖分子——以任何形式参与实施恐怖活动的人员。

恐怖组织——为达实施恐怖活动之目的或确认有可能在其活动中使用

恐怖主义的组织。即使该组织仅有一个下属机构经其一个领导机关同意实施恐怖活动，该组织即被认为是恐怖组织。

反恐怖主义——查明、预防、消除、最大限度降低恐怖活动造成的后果的活动。

反恐怖行动——旨在消除恐怖活动、保障自然人安全、消除恐怖分子危害，以及最大限度降低恐怖活动造成的后果的专门措施。

反恐怖行动实施区域——实施上述行动界内的个别地段、运输工具、大楼、建筑、设施、场所及其相邻土地。

人质——被劫持和（或）被绑架的自然人，其目的是迫使国家、组织或个人实施某些行为或放弃实施某些行为作为释放被绑架人员的条件。

实施反恐怖主义的主体——直接实施反恐怖主义的主体，以及参与反恐怖主义的主体。

第五条　塔吉克斯坦共和国在反恐怖主义领域内的国际合作

塔吉克斯坦共和国依国际条约在反恐怖主义领域内与外国、外国执法机关和特种部门，以及实施反恐怖主义的国际组织开展合作。

第二节　实施反恐怖主义的主体

第六条　实施反恐怖主义的主体

反恐怖主义是国家在该领域通过立法、执行和审判权力机关实施自身功能的优先任务之一。

实施反恐怖主义的主体，分为直接实施反恐怖主义的主体和参与反恐怖主义的主体。

对反恐怖主义的总领导由塔吉克斯坦共和国政府主持。

第七条　直接实施反恐怖主义的主体

直接实施反恐怖主义，包括在塔吉克斯坦共和国宪法、本法、其他法律和其他规范性法律文件确定的职权范围内保障自身反恐怖安全的主体有：

塔吉克斯坦共和国安全部；

塔吉克斯坦共和国内务部；

塔吉克斯坦共和国国防部；

塔吉克斯坦共和国紧急情况部；

塔吉克斯坦共和国政府国家边境保卫委员会；

塔吉克斯坦共和国总统卫队；

直接实施反恐怖主义的主体的名单，只有法律才可以更改或补充。

第八条 直接实施反恐怖主义的主体的权限

直接实施反恐怖主义的基本主体是塔吉克斯坦安全部，它：

根据规定程序详细制定并向塔吉克斯坦共和国总统提交国家反恐怖主义的规划、思想体系方案；

根据规定程序向塔吉克斯坦共和国议会、塔吉克斯坦共和国总统和塔吉克斯坦共和国政府通报有关反恐怖主义的情势；

协调实施反恐怖主义的各主体的活动；

收集、分析、总结有关恐怖主义的情势和趋势，包括来自实施反恐怖主义的各主体进入恐怖主义问题中央跨部门数据库的信息；

根据规定程序提出完善反恐怖主义领域内法律的议案。

除此之外，塔吉克斯坦共和国安全部通过以下方式实施反恐怖主义：

查明、预防和消除恐怖性质的、致力于政治、民族种族或宗教极端目的之犯罪；

查明、预防和消除国际恐怖活动；

保障塔吉克斯坦共和国境外机构、境外机构工作人员及其家属的安全；

保障国家保卫对象和被保护人的安全。

塔吉克斯坦共和国内务部通过查明、预防和消除恐怖性质的、致力于自私自利目的的犯罪。

塔吉克斯坦共和国国防部保障塔吉克斯坦共和国领空的反恐怖安全并在必要情况下协助国家安全机关筹备和实施反恐怖行动。

紧急情况部与国家安全机关和其他实施反恐怖主义的主体一道，在清除紧急情况造成的后果的情况下保障实施救援和抢险恢复工作场所的反恐怖安全。

塔吉克斯坦共和国政府国家边境保卫委员会通过以下方式实施反恐怖主义：

查明、预防和消除恐怖分子企图穿越塔吉克斯坦共和国国家边境；

消除非法穿越国家边境转运武器、弹药、易爆、有毒、放射性物质和其他可能用于恐怖目的之物品；

向反国际恐怖活动的国家安全机关提供帮助；

参与筹备和实施反恐怖行动。

塔吉克斯坦共和国总统卫队通过以下方式实施反恐怖主义：

参与保障国家保卫对象和被保护人员的反恐怖安全；

参与筹备和实施反恐怖行动。

第九条　参与反恐怖主义的主体

参与反恐怖主义的主体，有塔吉克斯坦共和国司法部、塔吉克斯坦共和国外交部、塔吉克斯坦共和国政府海关委员会和其他塔吉克斯坦共和国政府确定名单的执行权力机关。各机关通过下列方式参与反恐怖主义：

塔吉克斯坦共和国司法部通过监控依规定程序注册的社会团体和政党的活动；

塔吉克斯坦共和国外交部在查明、预防和消除国际恐怖活动之时和以其他被塔吉克斯坦共和国法律确定的形式与外国进行谈判；

塔吉克斯坦共和国政府海关委员会通过消除非法穿越海关边境转运武器、弹药、易爆、有毒、放射性物质和其他有可能被用于恐怖目的的物品，以及在反国际恐怖活动中向国家安全机关提供协助。

塔吉克斯坦共和国监察和审判机关依塔吉克斯坦共和国宪法、塔吉克斯坦法律，以及塔吉克斯坦共和国刑事诉讼法和民事诉讼法规定的程序和条件参与反恐怖主义。

第三节　恐怖活动和反恐怖行动

第十条　恐怖活动

恐怖活动——包括以下情形之活动：

组织、策划、筹备和实施恐怖袭击；

教唆恐怖袭击，为达恐怖之目的暴力针对自然人或强迫组织、摧毁财产和其他物质目标；

为实施恐怖袭击，以及参与这一袭击，组织非法武装部队、犯罪团体(犯罪组织)、有组织团伙；

招募、武装、培训和利用恐怖分子；

明显资金支持恐怖组织或恐怖团伙或其他对它们的协助。

第十一条　国际恐怖活动

塔吉克斯坦共和国，从自己的国际义务出发，承认通过以下方式实施的恐怖活动为国际恐怖活动：

由一个以上国家境内的恐怖分子或恐怖组织实施；

由一个国家的公民针对另一个国家的公民或在另一个国家的境内实施；

不论恐怖分子，还是恐怖主义的受害者是同一个国家或不同国家的公民，但犯罪却是在这些国家的境外实施的；

为达破坏国际法律秩序之目的。

第十二条　反恐怖行动

反恐怖行动——为达保护个人、社会和国家免遭恐怖活动之目的实施的活动。

第十三条　反恐怖行动的原则

塔吉克斯坦共和国的反恐怖行动基于以下原则：

(1) 合法性；

(2) 尊重人和公民的权利和自由；

（3）对恐怖活动惩处的不可避免性；

（4）反恐怖主义公开的与非公开的方法的结合；

（5）对遭遇危险人员权利保护的优先性；

（6）对恐怖分子造成损害的合法性；

（7）实施反恐怖行动期间对所使用力量和手段的作战领导统一负责制；

（8）实施专门反恐怖行动期间的严格保密性。

第四节　反恐怖主义

第十四条　查明恐怖活动

实施反恐怖主义的主体，依据法律确定的程序，为达查明恐怖活动之目的，有义务使用受其支配的法律规定的一切现有兵力、武器、形式和方法。

公职人员和公民有义务立即向国家安全和（或）内务机关报告一切证明具有筹备或实施恐怖主义特征的事件。

国家保证保护协助反恐怖主义人员的安全。为达查明、预防和消除恐怖活动之目的，根据塔吉克斯坦共和国政府确定的程序，塔吉克斯坦共和国安全部附设一个专门基金，其资金用以向实施反恐怖主义的主体提供可使参与恐怖活动的人员被捕或判刑，或预防或消除恐怖袭击的信息的举报奖励。

关于举报类似信息的人员的信息，只有经其同意才容许披露。

第十五条　预防恐怖活动

为达在塔吉克斯坦共和国预防恐怖活动之目的，禁止：

创建、注册和运行以恐怖活动为目的的组织；

与宣传恐怖主义相关联的活动；

已参与恐怖活动的人员进出或过境共和国领土；

向已参与恐怖活动的人员发放居住证；

给予已参与恐怖活动的外国人以塔吉克斯坦共和国国籍；

长途汽车站、火车站和飞机场的工作人员保管旅客的行李、随身行李（除为此目的专门授权的保管行李的工作人员外）；

在未指定的地点实施集会、游行、示威或抗议。

为达在塔吉克斯坦共和国预防恐怖活动之目的，容许：

在实施社会—政治和其他大规模措施期间，将直接实施反恐怖主义的主体的规定以外的力量和手段用于保卫社会秩序。

巩固国家权力和地方自治机关、对民众的生命和健康以及环境构成更大危险的企业的制度—保卫措施。

根据国际法规则，应外国主管机关的要求引渡在这些国家境内参与恐怖活动的人员。

收集、分析、总结有关参与（已参与）恐怖活动的恐怖组织和人员的信息，同时输入塔吉克斯坦共和国安全部下属中央跨部门恐怖主义问题数据库。

创建隶属于直接参与实施反恐怖主义的主体的专门机关；

对恐怖活动的预防还包括采取塔吉克斯坦共和国法律和塔吉克斯坦共和国国际条约规定的其他措施。

第十六条 消除恐怖活动

实施反恐怖主义的主体的军人、工作人员和专家，根据法律规定的程序消除整体的恐怖活动或其他个别的恐怖袭击时，有义务使用法律规定的任何措施。

第十七条 追查恐怖主义性质的犯罪

对具有恐怖性质犯罪的刑事案件的初步调查和初步侦查，由实施反恐怖主义的主体，以及这些主体的侦查员按照塔吉克斯坦共和国刑事诉讼法规定的程序和条件予以实施。

第十八条 关于恐怖主义性质犯罪的刑事案件的诉讼

关于恐怖主义性质犯罪的刑事案件，以及关于因恐怖活动造成损害的补偿的民事案件，根据法院的决定，通过非公开审判会予以审判。

第五节　实施反恐怖行动

第十九条　实施反恐怖行动

反恐怖行动由直接实施反恐怖主义的主体实施。

用于实施反恐怖行动的有本法第七条所列主体的受过专门训练的军人、工作人员和专家，以及在某些特殊情形下本法第九条第1部分所列主体条件中的个人成员、兵力。

反恐怖行动在为达此目的而创建的指挥部的直接领导下实施。因此，所有被用于实施反恐怖行动的人员，自上述行动开始时起即归指挥部领导人管辖。

禁止任何人对反恐怖行动的作战领导进行干涉。

第二十条　反恐怖行动实施区域及其法律制度

反恐怖行动实施区域的边界由指挥部根据恐怖袭击造成社会危险后果的规模和程度予以确定。

在反恐怖行动实施区域内，实施上述行动的人员有权：

在必要情形下采取临时限制或禁止街道上运输工具或行人的行动；

查验公民、公职人员确证其个人身份的证件，在没有这些证件的情形下为达确认个人身份之目的扣留上述人员；

扣留并向内务机关移交已违法或正在违法或实施其他旨在妨碍实施反恐怖行动人员合法要求的行为，以及与未经许可潜入或企图潜入反恐怖行动实施区域相关行为的人员；

在消除恐怖活动、追查被疑实施恐怖活动的人员期间，如果延误会给民众生命和健康造成现实威胁时，无障碍进入住宅和其他属于公民的场所，企业、机构和组织（不论所有制形式）的领地和场所、运输工具；

在通过反恐怖行动实施区域和进入（离开）上述区域期间，查验除外国外交、领事和其他代表处的运输工具及其所载物品之外的运输工具，包括私用技术手段；

为达公务之目的使用属于企业、机构和组织（不论所有制形式）的运输工具，不包括外国外交、领事和其他代表处的运输工具。在紧急情况下为预防恐怖袭击、追查拘留实施恐怖袭击的人员，或将需要紧急医疗救助的人员移送医疗机构，以及为前往事发地点，使用属于公民的运输工具。

第二十一条 实施反恐怖行动期间的其他限制

在反恐怖行动实施区域内，从保障个人安全的利益出发，指挥部领导人有权限制大众媒体工作人员进入上述区域，以及通过拒绝提供以下信息的方式限制其关于向公众报道有关反恐怖行动实施的活动：

透露行动实施的战术和方法的信息；

促进宣传和为恐怖主义辩护的信息；

透露有关参与行动人员的信息；

透露构成国家机密的信息；

透露有辱人质人格和尊严的信息。

第六节 补偿因恐怖活动造成的损害 对恐怖活动受害者进行社会康复

第二十二条 补偿因恐怖活动造成的损害

对因恐怖活动给自然人和法人造成的损害的补偿，根据塔吉克斯坦共和国法律规定的程序，由共和国预算资金承担，随后向施害者追偿相应的金额。

第二十三条 对恐怖活动受害者进行社会康复

为达使恐怖活动受害者返回正常生活之目的，由共和国预算资金承担其社会康复，其中包括法律援助，心理的、医疗的、职业的康复，在必要的情形下恢复就业、向其提供住房。

对恐怖活动受害者实施社会康复的程序，由塔吉克斯坦共和国政府确定。

第七节 参与反恐怖主义的人员的法律和社会保护

第二十四条 应该享有法律和社会保护的人员

法律和社会保护应及于：

（1）直接参与反恐怖行动的军人、工作人员和专家；

（2）在预防、查明、消除恐怖活动和最大限度降低其造成的后果方面长期或临时协助国家机关打击犯罪的人员；

（3）报告有关恐怖活动的信息和能够促使预防、查明和消除恐怖活动信息的其他任何情势的信息的人员；

（4）本条第1–3款所列成员的家属，如果所列人员因参与反恐怖主义而必须对其提供保护的话。

第二十五条 补偿参与反恐怖主义的人员招致的损害，并对其进行社会康复

直接实施反恐怖主义的主体的军人、工作人员和专家在健康或财产上遭受的损害，根据塔吉克斯坦共和国法律规定的程序予以补偿。如果上述人员在实施反恐怖行动期间死亡或致残或受伤未致残，将在考虑塔吉克斯坦共和国相关法律和其他规范性法律文件规定的这些人员法律地位的情形下采取法律和社会保护措施。

本法第二十四条第2–3款所列人员因其参与反恐怖主义而在健康或财产方面所遭受的损害，根据塔吉克斯坦共和国法律规定的程序予以补偿。

本法第二十四条第2款所列人员在实施反恐怖行动期间死亡，或致残或受伤未致残的情形下，使用塔吉克斯坦共和国《作战行动侦查法》规定的法律和社会保护措施。

本法第二十四条第3款所列人员在实施反恐怖行动期间受伤未致残的情形下，支付给他们数额为相当于最低工资一百倍的一次性补助金；在因伤致残的情形下，支付给他们相当于最低工资五百倍的一次性补助金；在死亡的情形下，支付给死者家属相当于最低工资一千倍的一次性补助金外

加供养人死亡抚恤金。

本法第二十四条第2–3款所列人员因其参与反恐怖行动而造成损害的社会康复，由共和国预算资金承担。

对上述人员实施社会康复的程序，以及在其安全受到威胁的情形下，由塔吉克斯坦政府通过医疗干预的方法改变上述人员的身份资料、居住地、工作（学习）单位和相貌。

第八节　追究恐怖活动的责任和责任的免除

第二十六条　追究恐怖活动的责任

从事恐怖活动或协助恐怖分子或恐怖组织，以及宣传其活动的人员，依塔吉克斯坦共和国刑法追究责任。

不是恐怖组织成员，但以其名义实施恐怖活动，或参与其创建、资助、训练和武装的人员，与恐怖组织成员同样追究责任。

了解恐怖组织存在或了解参与恐怖活动的个别人员的信息，但就此不向相关国家机关报告的人员，依塔吉克斯坦共和国刑法追究责任。

第二十七条　追究参与恐怖活动的组织的责任

在法院确认组织为恐怖组织的情形下，该组织即依法院判决被取缔且其所属财产被没收充公。

第二十八条　责任的免除

向反恐怖主义实施主体提供协助的人员，如果他们身处恐怖组织期间有意不实施犯罪，依塔吉克斯坦共和国刑法免于追究从事恐怖活动的责任。

反恐怖主义实施主体的军人、工作人员和专家，依塔吉克斯坦共和国刑法免于追究因使用法律规定情形下的人力、专业工具和火器造成恐怖分子精神、物质和肉体损害的责任。

应执法机关或其他国家机关、飞机机长的请求帮助消除或预防恐怖行为的人员，依塔吉克斯坦共和国刑法免于追究打击恐怖分子所采取行为的责任。

第九节　总结

第二十九条　工龄的优惠计算和职务工资的增加

在直接实施反恐怖主义的机关服役（服过役）的国家机关的军人、工作人员和专家，发放养老金的工龄期限以一天按两天计算，而参与实施反恐怖行动期间则以一天按三天计算（如果这些期限未依法按较高额度给他们计算的话），且相应地提高职务工资和军衔工资。

第三十条　奖励参与（已参与）反恐怖主义的人员

在直接实施反恐怖主义的机关服役的军人、工作人员和专家，以及在实施这些行动中给予协助的人员因参加具体的反恐怖行动，可由相关国家机关领导人依塔吉克斯坦共和国法律规定的额度和程序给予一次性货币奖励。

土库曼斯坦反恐怖主义法

2003年8月15日

本法确定土库曼斯坦反恐怖主义的法律和组织基础，国家机关、组织（不论所有制形式）和社会团体在反恐怖主义中的活动和协作的程序，以及与实施反恐怖主义相关联的公民的权利、义务和保障。

第一章　总则

第一条　本法所使用的基本术语

本法所包含的基本术语有以下含义：

（1）“恐怖主义”——具有夺取国家政权和暴力改变宪法制度目的之行动政策和战术，破坏社会安全，恐吓居民，制造混乱状况或影响政权机关做出有利于恐怖分子，或满足后者非法财产和（或）其他利益的决定。

（2）“恐怖活动”，系指以下活动：

——传播或宣传恐怖主义意识形态；

——组织、策划、筹备和实施恐怖袭击；

——煽动恐怖袭击、向自然人或组织采取暴力、为达恐怖主义之目的摧毁物质目标；

——组织非法武装部队、犯罪团体（犯罪组织）、犯罪团伙实施恐怖袭击和参与该袭击的有组织团伙；

——吸收恐怖分子开展合作，武装、培训和使用恐怖分子；

——资助公认的恐怖组织、恐怖团伙或恐怖分子，或者对其进行任何形式的协助。

（3）“国际恐怖活动”，是指这样的恐怖活动：

——在一国以上国家领土或者给一国以上国家的利益带来损害的恐怖分子、恐怖团伙或恐怖组织实施的；

——由一个国家公民针对另一个国家或另一个国家领土上的公民实施的；

——当恐怖分子和恐怖主义的受害者是同一国家或不同国家的公民，但犯罪却是在这些国家领土之外完成的。

（4）“恐怖袭击”——以爆炸、纵火、使用或威胁使用爆炸装置、辐射、化学、生物、细菌、爆炸、毒素、有毒、烈性、毒性等物质形式直接实施具有恐怖主义性质的犯罪；摧毁、破坏或夺取交通工具、物质的和其他的目标；蓄意谋害土库曼斯坦总统，其他国务活动家或社会活动家，国家、民族、宗教或其他居民团体代表，外国代表和享有国际法律保护或外交豁免权及在公务场所的国际组织工作人员的生命或蓄意侵犯这些人员的交通工具，劫持人质，绑架人员；制造危险给非确定人员的生命、健康或财产造成损害或通过给航空和人为性质之灾害创造条件或现实威胁制造这种危险；以任何形式和任何方式传播威胁；给人的生命和健康制造危险、造成财产巨大损害或带来其他社会危险后果的其他行为。

（5）“恐怖主义性质的犯罪”——土库曼斯坦刑法第130条、170条、176条第一部分、271—273条规定的犯罪。土库曼斯坦刑法规定的其他可能带来恐怖主义性质犯罪的其他犯罪，如果这些犯罪的实施旨在恐怖主义之目的。

（6）“恐怖分子”——以任何形式参与实施恐怖活动的人员。

（7）“恐怖团伙”——为达实施恐怖活动之目的而组合的人员团伙。

（8）“恐怖组织”——为达实施恐怖活动之目的而创建或在自己的活动中承认可能使用恐怖主义的组织。如果尽管该组织的下属机构之一或某一成员经该组织至少一名领导同意而实施恐怖活动，该组织即被视为恐怖组织。

(9)“反恐怖主义”——预防、查明和消除恐怖活动并最大限度降低其后果的活动。

(10)“反恐怖行动”——旨在消除恐怖袭击、保障自然人安全，消除恐怖分子危害和最大限度降低恐怖袭击后果的专门措施。

(11)“反恐怖行动实施区域”——在实施上述行动范围内的区域或水域个别地段、交通工具、楼房、建筑、设施、场所及与之相邻的领地或水域、其他区域。

(12)“人质”——为达强迫国家、组织或个别人员实施某种行动或放弃实施某种行动作为释放被控制人员条件之目的而被劫持和（或）被控制的自然人。

第二条 反恐怖主义的法律基础

土库曼斯坦宪法、土库曼斯坦议会（哈尔克·马斯拉哈特）决定、土库曼斯坦刑法、本法、土库曼斯坦其他法律、土库曼斯坦总统命令和指令、国际法公认的原则和准则、土库曼斯坦已签署的国际条约，以及被相关国家机关所接受的与之相符合的规范性法律文件，构成反恐怖主义的法律基础。

第三条 反恐怖主义的目的

土库曼斯坦反恐怖主义实施的目的是：

(1) 保护个人、社会和国家免受恐怖主义危害；

(2) 预防、查明和消除恐怖活动并最大限度降低其后果；

(3) 查明和清除促使恐怖活动实施的原因和条件。

第四条 反恐怖主义的基本原则

土库曼斯坦反恐怖主义基于以下原则：

(1) 合法性；

(2) 采取预防恐怖主义措施的优先性；

(3) 对恐怖活动进行惩处的不可避免性；

(4) 反恐怖主义的公开的与非公开的方法的结合；

(5) 综合使用预防的、法律的、政治的、社会—经济的和宣传的等措施；

（6）优先保护在恐怖袭击中遭受危险的人员的权利；

（7）在开展反恐怖行动中所有参与力量和手段的单一领导责任制；

（8）不泄露开展反恐怖行动的技术手段和战术，以及上述行动参与者的人员构成。

第五条 土库曼斯坦在反恐怖主义领域内的国际合作

1. 根据国际条约，土库曼斯坦在反恐怖主义领域与外国、外国执法机关和特种部门，以及实施反恐怖主义的国际组织开展合作；在刑事侦查或对有资助或支持恐怖活动的人员进行刑事侦查方面向其他国家提供协助，包括移交所据有的对于该侦查必需的证据的协助。

2. 土库曼斯坦，遵照保障个人、社会和国家等安全的利益，在自己领土上对参与恐怖活动的人员，包括恐怖袭击在土库曼斯坦境外被策划或被实施，但给土库曼斯坦带来损害的情况下，以及在土库曼斯坦国际条约规定的其他情况下，开展刑事侦查。

3. 根据国内法和国际法准则，土库曼斯坦预防和消除对恐怖活动的资助，紧急冻结实施或企图实施恐怖袭击或协助实施恐怖袭击的人员、直接或间接处于这些人员所有或控制之下的组织，以及以这些人员和组织的名义或受命开展活动的人员和组织的资金、其他金融资产、存款、经济资源和物质财富，包括或通过使用直接或间接处于这些人员和与之相关联人员和组织掌握或控制之下的财产所获得的或拥有的资金。

第二章　反恐怖主义的组织基础

第六条 实施反恐怖主义的国家机关

1. 土库曼斯坦总统和土库曼斯坦内阁，对反恐怖主义实施总领导，并向其提供必需的力量、资金和资源。

2. 在自己职权范围直接实施反恐怖主义的国家机关有：

——土库曼斯坦国家安全部；

——土库曼斯坦内务部；

——土库曼斯坦总统安全局；

——土库曼斯坦国防部；

——土库曼斯坦国家外国公民注册局；

——土库曼斯坦国家边防局；

——土库曼斯坦国家海关总署；

——土库曼斯坦总检察院。

3. 其他国家机关在自己职权范围内参与预防、查明和消除恐怖主义的活动。

土库曼斯坦总统创建的国家反恐怖主义委员会，开展对实施反恐怖主义的国家机关活动的协调和协作的保障。

第七条 国家反恐怖主义委员会的基本任务

国家反恐怖主义委员会解决以下基本任务：

——受土库曼斯坦总统委任，制定土库曼斯坦反恐怖主义领域的国家政策基础，提出旨在提高查明和消除促使恐怖主义产生和恐怖活动实施的原因和条件的工作效率的建议；

——收集和分析土库曼斯坦领土上可能发生的恐怖活动的状况和趋势的情报信息；

——对社会团体和实施反恐怖主义的国家机关的活动进行协调并对其协作加以保障，以期使其在预防、查明和消除恐怖袭击，以及查明和消除促使恐怖袭击筹备和实现原因和条件方面的行动协同一致；

——确定应受保护的国家重要目标、设施和交通通讯清单；

——参加筹备土库曼斯坦在反恐怖主义领域的国际条约；

——保障对专家进行训练和培训，通过学习和利用国际实践开展反恐怖主义学术研究；

——提出完善土库曼斯坦在反恐怖主义领域立法的建议。

第八条 直接实施反恐怖主义的国家机关的职权

1. 直接实施反恐怖主义的国家机关，在其活动中遵守土库曼斯坦宪法、土库曼斯坦议会决定、本法、土库曼斯坦其他法律、土库曼斯坦总统文件和土库曼斯坦已签署的国际条约。

2. 土库曼斯坦国家安全部通过以下方式实施反恐怖主义：

——预防、查明和消除恐怖主义性质之犯罪，包括致力于政治目的之犯罪，以及预防、查明和消除国际恐怖活动，根据刑事诉讼法开展对此类犯罪之刑事案件的预防侦查；

——保障土库曼斯坦在土库曼斯坦领土境内机关、其工作人员及其家属的安全；

——收集外国和国际恐怖组织活动的情报信息。

3. 根据自己职权，土库曼斯坦内务部通过预防、查明和消除恐怖主义性质之犯罪，实施反恐怖主义。

4. 土库曼斯坦总统安全局通过保障土库曼斯坦总统、总统家属安全和保护受其保护的目标，实施反恐怖主义。

5. 在开展反恐怖行动中，土库曼斯坦国防部保障处于装备中的军事技术、武器、弹药和爆炸物的完整和保护，军事目标的保护，以及参与保障土库曼斯坦国家海运和领空的安全。

6. 土库曼斯坦国家外国公民注册局开展反恐怖主义，在自己职权范围内对外国公民入境、出境和逗留土库曼斯坦程序的遵守进行控制，在查明恐怖主义性质的潜在威胁的情况下，与土库曼斯坦其他执法机关协作，就预防、查明和消除可能出现的犯罪采取土库曼斯坦法律规定的相关措施。

7. 土库曼斯坦国家边防局通过预防、查明和消除恐怖分子穿越土库曼斯坦国家边界的企图，以及非法转运武器、爆炸、有毒、放射等物质及其他可能被用作实施恐怖主义性质犯罪的物体穿越国家边界，在反恐怖行动中参与保障土库曼斯坦经济区域和领水范围内国家海运的安全。

8. 土库曼斯坦国家海关总署根据自己的职权通过消除非法向土库曼斯坦领土输送武器、弹药、爆炸、有毒和放射等物质和包含有鼓动推翻现行宪法制度、实施其他破坏社会安全、旨在肉体消灭国务活动家的其他行为的资料、印刷资料及其他资料的企图，恶意违抗法律和社会道德标准。

9. 土库曼斯坦总检察院及下属检察机关，根据自己的职权，对土库曼斯坦规范性法律文件的准确和一致的遵守实施监督，促进消除违法、消除能够引起恐怖主义表现的原因和条件，以及开展对恐怖主义性质犯罪的刑事案件的侦查。

10. 列入本条的国家机关，在自己的职权范围内，制定和实现预防、查明和消除恐怖活动的预防的、制度的、组织的及其他的措施，创建和支持筹备反恐怖行动实施的部门体系。

第九条 反恐怖主义的其他国家机关的职权

1. 本法第八条未指出的各部委、地方执行权力机关和地方自治机关，通过制定和实现预防的、制度的、组织的、教育的及其他的防止恐怖袭击的措施，创建和支持实施恐怖主义性质犯罪预防措施部门体系的必要准备、提供金融资金和情报信息、交通通信、医疗设备、医疗用品和医疗服务、物质技术保障等工具，参与其职权范围内的反恐怖主义。

2. 本条第1部分所指国家机关提供物质技术和金融资金、情报信息、交通工具和通信、医疗设备和医疗用品工具的程序，由土库曼斯坦内阁确定。

第十条 协助直接实施反恐怖主义的国家机关

1. 土库曼斯坦国家机关，以及组织（不论所有制形式）、社会团体和公务人员，有义务向直接实施反恐怖主义的国家机关提供必要协助。

2. 公民在获悉恐怖活动信息的情况下，有义务立即向直接实施反恐怖活动的国家机关报告。隐瞒这些信息将追究土库曼斯坦法律规定的责任。

第十一条 社会团体和大众媒体在反恐怖主义中的作用

1. 社会团体有义务向实施反恐怖主义的国家机关给予力所能及的帮助，以查明促使恐怖活动实施的原因和条件、预防和消除恐怖主义行为。

2. 大众媒体与利益相关的部委、社会团体一起，就土库曼斯坦公民进一步提高道德标准教育、正在成长一代的民族自豪感、对民族传统和自己人民的忠诚度、时刻准备为自己热爱的祖国、为保卫祖国安全和不可侵犯献出生命，开展普遍和有针对性的工作。

3. 本条第1部分所指组织，在其活动中，规定采取旨在于社会意识中形成对可能成为恐怖活动产生根源的各种反宪法表现的持久不宽容的相关措施。

第三章　反恐怖行动的实施

第十二条　反恐怖行动的管理

1. 为达根据土库曼斯坦总统决定直接管理反恐怖行动之目的，创建由土库曼斯坦国家安全部或土库曼斯坦内务部代表领导的作战指挥部，两者谁具有领导权则取决于上述机关中的某一机关在开展具体反恐怖行动时的职权优先。

2. 作战指挥部活动的程序，由土库曼斯坦总统批准的条例确定。

3. 根据社会危险的规模和程度、恐怖活动预期的消极后果，土库曼斯坦总统可以委任国家反恐怖主义委员会的代表或其他国家公务人员担任作战指挥部领导人。

4. 所有被吸纳开展反恐怖行动的军人、工作人员和专家，自上述行动开始之时，即归反恐怖行动管理作战指挥部领导人管辖。

5. 反恐怖行动管理作战指挥部领导人确定开展反恐怖行动的区域边界，通过使用包括被吸纳开展上述行动的专门手段在内的力量。任何其他人员（不论职位如何），都不允许干涉反恐怖行动的作战领导。

第十三条　实施反恐怖行动的力量和手段

为开展反恐怖行动，反恐怖管理作战指挥部有权吸纳直接实施反恐怖主义的国家机关的必要力量和手段。执行权力机关划拨开展反恐怖行动必需的交通、金融手段和通信工具、其他物质技术手段。

第十四条　反恐怖行动实施区域内的法律制度

1. 在实施反恐怖行动的区域内，开展上述行动的人员，具有以下权利：

（1）必要时对街道交通工具和行人实施临时限制或禁行、对交通工具，包括外交代表、领事机关和公民的交通工具进入个别地方和目标地段实施禁行或将公民从个别地方和目标地段移开，以及将交通工具拖离；

（2）查验公民和公务人员的证件，以确认其个人身份，在缺少这种证件的情况下扣留上述人员以确认个人身份；

(3) 扣留并将实施或正在实施违法或旨在阻止开展反恐怖行动人员合法要求的其他行动，以及将与擅自深入或试图深入开展反恐怖行动区域的相关行动的人员提交给内务机关；

(4) 在制止恐怖活动，在对怀疑实施恐怖活动的人员实施侦查时，如果延迟会造成民众生命和健康现实威胁的情况下，无阻碍地进入（深入）属于公民的住宅和其他场所，属于公民的土地、别墅、花园、领地、组织的场所（不论所有制形式），深入交通工具；

(5) 对公民实施隔离检查、检查其随身物品、检查和查验交通工具及其所载物品，包括使用技术手段；

(6) 为达公务之目的，使用通信手段，包括专业手段，以及属于公民和组织（不论所有制形式）的交通工具（不包括外交、领事及其他外国代表处和国际组织的交通工具）以预防恐怖活动，追捕和扣留实施恐怖活动的人员，或将需要医疗急救的人员送往医疗机构，以及通往出事地点；

(7) 在人质、其他公民，以及军人、特种机构工作人员和专家的生命和健康受到威胁的情况下，针对恐怖分子，无须警告和限制地使用土库曼斯坦法律规定的武器和专业手段。

2. 大众媒体的工作人员身处开展反恐怖行动区域和其在该区域的活动，须经作战指挥部领导人的许可。

第十五条　与恐怖分子进行谈判

1. 在为达保护民众的生命和健康、物质财产，以及研究不使用武力消除恐怖袭击条件之目的，在开展反恐怖行动时，允许与恐怖分子进行谈判。只有反恐怖行动管理作战指挥部领导人专门授权的人员，才允许与恐怖分子进行谈判。

2. 在与恐怖分子进行谈判时，不得考虑将任何人交给恐怖分子、将武器及其他工具（使用它们能够造成民众生命和健康威胁）交给恐怖分子的问题，以及完成恐怖分子政治要求的问题，作为终止其实施恐怖袭击的条件。

3. 与恐怖分子进行谈判，不能成为免除追究其实施行为的理由或条件。

第十六条 让公众知情有关反恐怖行动

1. 在开展反恐怖行动时，以反恐怖行动管理作战指挥部领导人或负责与公众保持联系的上述指挥部代表所确定的形式和规模，向公众通报恐怖活动的情况。

2. 不允许扩散的信息：

（1）来自开展反恐怖行动区域内通过视频录像或通过无线电、电视直播的；

（2）揭露反恐怖行动的专业技术手段和战术的；

（3）能够给开展反恐怖行动及开展反恐怖行动区域或处于上述区域内的人员的生命和健康构成威胁的；

（4）宣传恐怖主义或为恐怖主义和极端主义开脱的；

（5）包含特种机关工作人员、反恐怖行动管理作战指挥部在实施反恐怖行动时的人员，以及向开展上述行动提供帮助的人员的信息的。

3. 传播本条第2部分所指信息的人员，依土库曼斯坦现行法律追究责任。

第十七条 反恐怖行动的结束

1. 当恐怖袭击被消除（被终止）和处于反恐怖行动实施区域内的民众的生命和健康威胁被清除之时，反恐怖行动即被视为结束。

2. 反恐怖管理作战指挥部领导人，通过决定宣布反恐怖行动结束。

第四章 恐怖袭击受害者的损害补偿和社会康复

第十八条 对因恐怖袭击造成损害的补偿

对因恐怖袭击造成损害的补偿，由土库曼斯坦国家预算资金承担，之后依土库曼斯坦法律规定的程序从施害者处追缴该补偿的数额。

第十九条 恐怖袭击受害者的社会康复

恐怖袭击受害者的社会康复，包括法律的、心理的和医疗的康复，依土库曼斯坦内阁规定的程序进行。

第五章　参与反恐怖主义的人员的法律和社会保护

第二十条　参与反恐怖主义应受法律和社会保护的人员

1. 参与反恐怖主义的人员，受国家保护。受法律和社会保护的人员有：

（1）直接参与（已参与）反恐怖主义的军人、国家机关工作人员和专家；

（2）长期或临时向实施打击犯罪，预防、查明和消除恐怖活动和最大限度降低其后果的国家机关提供帮助的人员；

（3）本条第1部分第1和2项所列人员的家属，如果因所列人员参与反恐怖主义而确需对其进行保护。

2. 被吸纳进入反恐怖主义的人员的社会保护，将根据土库曼斯坦内确定的程序、依据法律和其他规范性法律文件规定的这些人员的法律地位，予以实施。

第二十一条　参与反恐怖主义的人员遭受损害的补偿

1. 本法第二十条所列人员的健康或财产，因其参与反恐怖主义而遭受的损害，将根据土库曼斯坦法律规定的程序，予以补偿。

2. 在开展反恐怖行动期间，在参与反恐怖主义的人员阵亡的情况下，阵亡人员家属和处于其扶养（或赡养）的人员，根据土库曼斯坦法律规定的数额，由国家预算资金承担一次性货币补贴和发放供养人死亡补贴，同时保留获取住房、支付公用住房服务的优待，如果死者曾有这种优待的话。

3. 在开展反恐怖行动期间，在参与反恐怖主义的人员重伤致残的情况下，将依据土库曼斯坦法律，由国家预算向该人员支付一次性货币补贴和发放伤残补贴。

4. 在开展反恐怖行动期间，在参与反恐怖主义的人员受伤致残的情况下，依据土库曼斯坦法律规定的数额，由国家预算支付该人员一次性货币补贴。

5. 军人、效力或曾效力于直接实施（曾实施）反恐怖主义的特种机关的工作人员和专家：

（1）退休金发放的工龄，服役一天按一天半计算；在参加开展反恐怖行动期间，服役一天按三天计算；

（2）在这些特种机关服役期间，为其特殊工作条件支付30%的职务工资津贴。

第二十二条　造成损害责任的免除

在依据本法规定的范围内开展反恐怖行动期间，允许对恐怖分子的生命、健康和财产，及其受保护的利益实施强迫损害。在此期间，参与反恐怖主义的军人、专家及其他人员，对在反恐怖行动期间造成的损害免于追究责任。

第六章　参与恐怖活动的责任的追究

第二十三条　参与恐怖活动的人员的责任的追究

参与恐怖活动的人员，追究土库曼斯坦刑法规定的责任。

第二十四条　实施恐怖活动的组织的责任的追究

1. 实施恐怖活动的组织，被视为恐怖组织，应依据法院决定予以清除。在清除被认定为恐怖组织的组织时，属于该组织的财产，将依据法律规定予以征收和变卖，而所获收入移交土库曼斯坦中央预算。

2. 在土库曼斯坦境外登记的国际组织（其分部、支部、代表处）被土库曼斯坦相关法院认定为恐怖组织的情况下，该组织在土库曼斯坦领土上的活动将予以禁止，其分部（支部、代表处）将被取缔，而其财产及上述位于土库曼斯坦领土上的国际组织的财产，根据法律规定将予以征收和变卖，所获收入移交土库曼斯坦中央预算。

3. 追究实施恐怖活动的组织的责任的声明，由土库曼斯坦总检察院或其下属检察院发往法院。

第七章　总结条款

第二十五条　对反恐怖主义的实施的控制

对土库曼斯坦反恐怖主义的实施的控制，由土库曼斯坦总统和土库曼斯坦内阁实施。

第二十六条　对反恐怖主义的实施的合法性的监督

对反恐怖主义实施期间法律执行的监督，由土库曼斯坦总检察长及其下属检察官实施。

第二十七条　对反恐怖主义法律的违反的责任的追究

对土库曼斯坦反恐怖主义法律的违反，追究土库曼斯坦法律规定的责任。

土库曼斯坦总统

土库曼斯坦议会主席

萨帕尔姆拉特

2003年8月15日，图尔克蒙巴什市

乌兹别克斯坦共和国反恐怖主义法

（2000年12月15日乌兹别克斯坦共和国法律）

一、总则

第一条 本法的目的和基本任务

本法的目的是调节反恐怖主义领域内的关系。

本法的基本任务是保障个人、社会和国家安全免遭恐怖主义，保护国家主权和领土完整，维护国内和平和民族和睦。

第二条 基本概念

本法使用下列基本概念：

人质——恐怖分子为达迫使国家权力和管理机关、国际组织，以及个人实施或放弃实施某种行动，作为释放被劫持或被绑架人员条件之目的而劫持或绑架的自然人；

恐怖主义——暴力、威胁使用暴力或其他给个人生命和健康造成危险的犯罪行为；毁灭（损毁）财产和其他物质目标以迫使国家、国际组织、自然人或法人实施或放弃实施某些行动；为达政治、宗教、意识形态和其他被乌兹别克斯坦共和国刑法规定追究责任的目的，使国际关系复杂化、破坏主权和领土完整、损害国家安全、挑起武装冲突、恐吓民众和扰乱社会政治局势；

恐怖分子——参与实施恐怖活动的人员；

恐怖团伙——事先串通实施恐怖袭击、筹备恐怖袭击或企图实施恐怖袭击的人员团伙；

恐怖组织——两个及其以上人员或恐怖团伙实施恐怖活动的稳定联合体；

反恐怖行动——旨在消除恐怖袭击和最大限度降低其后果，以及保障自然人安全和消除恐怖分子危害而采取的协同一致的和相互关联的专门措施；

实施反恐怖行动的区域——反恐怖行动实施界内的个别地段或水区、领空、运输工具、大楼、建筑、设施、场所及与之相邻领地；

恐怖活动——包括组织、策划、筹备和实施恐怖袭击，教唆恐怖袭击，创建恐怖组织，招募、筹备和武装恐怖分子，向其提供资金支持和物质技术保障的活动；

恐怖袭击——实施恐怖性质的犯罪，其形式有劫持或绑架人质，蓄意侵害国务或社会活动家，国家、民族、宗教、其他居民团体、外国和国际组织代表的生命，劫夺、损毁、摧毁具有国家或社会意义的目标，爆炸，纵火，使用或威胁使用爆炸装置、放射性、生物、易爆、化学、其他有毒物质，劫夺、绑架、损毁、摧毁地面、水体和空中运输工具，在居民密集区和公众活动开展期间制造恐慌和挑起动乱，通过制造技术性事故和灾难给居民的生命、健康、自然人和法人的财产造成损害和构成威胁，以任何手段和方法散播威胁，乌兹别克斯坦共和国法律和公认的国际法规范规定的具有恐怖性质的其他行动；

国际恐怖主义——超出一个国家国境的恐怖主义。

第三条　关于反恐怖主义的法律

有关反恐怖主义的法律，由本法和其他法律构成。

如果乌兹别克斯坦共和国签署的国际条约确定了有别于乌兹别克斯坦共和国有关反恐怖主义的法律的规则，则使用国际条约规则。

第四条　反恐怖主义的基本原则

反恐怖主义的基本原则有：

合法性；

个人权利、自由和合法利益的优先性；

恐怖主义预防措施的优先性；

惩处的不可避免性；

反恐怖主义公开的与非公开的方法的结合；

被纳入反恐怖行动的力量和手段的统一领导负责制。

第五条　恐怖活动的预防

恐怖活动的预防由国家机关、公民自治机关和社会团体，以及企业、机构、组织通过采取政治的、社会—经济的、法律的和其他的预防性的综合措施予以实施。

禁止：

宣传恐怖主义；

创建和运行恐怖团伙和组织；

委任、注册和运行参与恐怖活动的法人、其部门（分支）和代表处（包括外国组织和国际组织）；

参与恐怖活动的外国公民和无国籍人士进入乌兹别克斯坦共和国；

隐瞒有关筹备或实施恐怖袭击的信息和事实。

第六条　向实施反恐怖主义的国家机关提供协助

国家管理机关、地方国家权力机关、公民自治机关、社会团体、企业、机构和组织、公职人员和公民，向实施反恐怖主义的国家机关提供必要的协助。

第七条　乌兹别克斯坦共和国在反恐怖主义领域内的国际合作

依据乌兹别克斯坦共和国国际条约，乌兹别克斯坦共和国与外国、外国执法机关、特种部门和国际组织在反恐怖主义领域内开展合作。

二、国家机关在反恐怖主义领域内的职权

第八条　反恐怖主义的国家机关

实施反恐怖主义的国家机关有：

乌兹别克斯坦共和国国家安全局/乌兹别克斯坦共和国内务部；

乌兹别克斯坦共和国国家边境保卫委员会；

乌兹别克斯坦共和国国家海关委员会；

乌兹别克斯坦共和国国防部；

乌兹别克斯坦共和国紧急情况部。

对参与反恐怖主义的国家机关活动的协调，以及对其预防、查明、消除恐怖活动和最大限度降低其后果相互协作的保障，由乌兹别克斯坦共和国国家安全局实施。

第九条 乌兹别克斯坦共和国国家安全局在反恐怖主义领域内的职权

乌兹别克斯坦共和国国家安全局：

通过预防、查明和消除恐怖活动，实施反恐怖主义，包括反国际恐怖主义；

收集和分析有关恐怖分子、恐怖团伙和恐怖组织活动的信息，评估由其对国家安全造成的威胁，向相关各部、国家委员会和部门提供必要的信息；

保障保护乌兹别克斯坦共和国特别重要的和坚决需要保护的目标，以及处于乌兹别克斯坦共和国境外的国家机构、这些机构的工作人员及其家属；

保障乌兹别克斯坦共和国总统，以及外国元首、政府首脑和国际组织代表在其逗留乌兹别克斯坦共和国领土期间的安全和保卫；

在反国际恐怖主义领域内与外国和国际组织相关机构开展合作；

保障反恐怖主义下属机构在查明、消除和摧毁恐怖团伙和组织方面的工作的组织；

依法行使其他职权。

第十条 乌兹别克斯坦共和国内务部在反恐怖主义领域内的职权

乌兹别克斯坦共和国内务部：

通过预防、查明、消除恐怖活动和最大限度降低其后果实施反恐怖主义；

保障特别重要的、绝对需要保护的和其他目标的保卫和安全；

向国家权力和管理相关机关提供有关与恐怖活动相关联的人员、团伙和组织的信息；

依法行使其他职权。

第十一条 乌兹别克斯坦共和国国家边境保卫委员会在反恐怖主义领域内的职权

乌兹别克斯坦共和国国家边境保卫委员会：

保证保卫和保护国家边境免遭恐怖分子潜入乌兹别克斯坦共和国领土；

采取措施以查明和消除非法穿越乌兹别克斯坦共和国国家边境转运武器、弹药，易爆的、放射性的、生物的和化学的或其他有毒的物质、可能被用作实施恐怖袭击工具的物品或材料；

制止，如遇抵抗采取措施消灭边境地带和边境区域的恐怖分子；

依法行使其他职权；

第十二条 乌兹别克斯坦共和国国家海关委员会在反恐怖主义领域内的职权

乌兹别克斯坦共和国国家海关委员会：

采取措施预防、查明和消除在国境点非法穿越乌兹别克斯坦共和国国家边境转运麻醉药品、精神药物和易爆品、爆炸装置、军备、武器和弹药、核、生物、化学或其他大规模杀伤性武器，可能被用于恐怖袭击的材料和设备；

依法行使其他职权。

第十三条 乌兹别克斯坦共和国国防部在反恐怖主义领域内的职权

乌兹别克斯坦共和国国防部：

保障乌兹别克斯坦共和国领空安全，保护和保卫国家行政、工业—经济中心和地区、重要军事和其他目标免遭来自空中的打击；

保卫和防御其下属的军事目标；

参与反恐怖行动；

依法行使其他职权。

第十四条 乌兹别克斯坦共和国紧急情况部在反恐怖主义领域内的职权

乌兹别克斯坦共和国紧急情况部：

协调各部、国家委员会、地方国家权力部门和机关的活动并采取措施保护民众免遭紧急情况、处于恐怖分子行动区域内特别重要的、绝对需要保护的和其他目标的稳定运行，以及消除恐怖袭击的后果；

依法行使其他职权。

三、实施反恐怖行动

第十五条 消除恐怖袭击

为消除恐怖袭击依法采取必要措施，包括实施反恐怖行动。

第十六条 反恐怖行动的领导和管理

对每一种具体情况下反恐怖行动的领导和管理，通过斟酌恐怖袭击威胁和危险的规模予以确定，并委托相关强力机关负责。

在必要情况下创建指挥部以协调强力机关与用以制止和消除恐怖主义威胁的下属机关的努力。

第十七条 与恐怖分子谈判

根据恐怖袭击的性质，为达保护自然人生命和健康、物质财产、释放人质，以及研究不使用武力清除恐怖袭击可能性之目的，可以与恐怖分子进行谈判。

容许与恐怖分子进行谈判的人员是实施反恐怖行动领导人专门任命的人员。

与恐怖分子进行谈判不能作为免于追究其实施犯罪行径的理由或条件。

如果在与恐怖分子谈判期间因其不赞同而无法达到终止恐怖袭击和依然存在对自然人生命和健康现实威胁的情况下，采取制止和摧毁恐怖分子的必要措施。

第十八条　实施反恐怖行动的区域边界

实施反恐怖行动区域的边界由实施反恐怖行动的领导人通过考量恐怖袭击地的性质和条件，以及社会危险规模和程度后予以确定。

第十九条　正在实施反恐怖行动的人员在其实施区域内的权利

在实施反恐怖行动区域内，实施上述行动的人员有权：

如有必要，采取临时限制或禁止街道和公路上运输工具的运行，禁止运输工具，包括外交代表、领事机构和公民的运输工具前往个别地段和目标，以及拖离没有特别通行证的运输工具的措施；

查验确认自然人个人身份的证件，如果没有这些证件则将其扣留以确认个人身份；

扣留并将实施违法或旨在妨碍实施反恐怖行动人员合法要求行动的，和未经允许潜入或企图潜入实施反恐怖行动区域内的人员移交给相关机关，如果延误会对自然人的生命和健康、社会和国家安全构成威胁的情况下，为了消除恐怖袭击、追查疑有实施恐怖袭击的人员，可无障碍地、昼夜随时进入（潜入）企业、机构和组织的领地和场所、住宅和其他场所、地面地段、运输工具；

在进入实施反恐怖行动区域和离开上述区域期间，对自然人个人身份及其随身物品、运输工具及其所载物品，进行包括使用技术手段和其他监控手段在内的查验；

为公务之目的，使用属于自然人或法人的通信工具，包括专业通信工具（外交代表机关和其他外国机构、国际组织的通信工具和运输工具除外）和运输工具，以预防恐怖袭击、追查和扣留实施恐怖袭击或怀疑实施恐怖袭击的人员前往事发地将需要紧急医疗救护的人员送抵医疗机构；

针对恐怖分子可使用现有的各类武器、军事技术和专业工具。

第二十条　与大众媒体的相互关系

在实施反恐怖行动区域内，大众媒体代表的活动与实施反恐怖行动的领导人要互相配合。

不容许散播如下信息：

暴露实施反恐怖行动的专业技术手段和战术；

使反恐怖行动的实施变得艰难的，对自然人的生命和健康构成威胁的；

促进恐怖主义宣传或为恐怖主义辩护的；

有关实施反恐怖行动期间工作人员的，以及协助其执行行动的人员的。

第二十一条 反恐怖行动的终止

当恐怖袭击被消除（被终止）和处于实施反恐怖行动区域内的自然人的生命和健康威胁被清除时，反恐怖行动即告结束。

四、补偿因恐怖袭击造成的损害并对受害者进行社会康复

第二十二条 补偿因恐怖袭击造成的损害

依据法定程序，对因恐怖袭击造成的损害进行补偿。

第二十三条 补偿因实施反恐怖行动造成的损害

依据法定程序，对因实施反恐怖行动而致个人或自然人或法人的财产遭受的损害进行补偿。

对因消除人员参与恐怖袭击而造成损害的，不应进行补偿。

第二十四条 对恐怖袭击受害者进行社会康复

为达使恐怖袭击受害者返回正常生活活动之目的对其进行社会康复，包括对上述人员给予法律援助，其心理的、医疗的、预防性的康复，就业，在必要的情况下向其提供设备完善的住房和法律规定的其他援助。

对恐怖袭击受害者进行社会康复的程序由乌兹别克斯坦共和国内阁确定。

五、参与反恐怖主义的人员的法律和社会保护

第二十五条 参与反恐怖主义应享受法律和社会保护的人员

参与反恐怖主义的人员受国家保护。

应受法律和社会保护者有：

直接参与反恐怖主义的国家机关的军人、工作人员和专家；

在预防、查明、消除、追查恐怖活动和最大限度降低其造成的后果中，长期或临时协助实施反恐怖主义的国家机关的人员；

本部分第二和第三段所列人员的家属，如果上述人员因参与反恐怖主义而导致有必要向他们提供保护保障的情况下。

直接参与反恐怖主义、协助反恐怖主义的人员及其家属，在其生命和健康受到威胁的情况下，根据其要求实施相貌、姓名和父称，以及工作和居住地的变更，费用由拨付给反恐怖主义的机关的资金负担。

第二十六条 补偿参与反恐怖主义的人员生命和健康遭受的损害

参与反恐怖主义的人员在实施反恐怖行动期间死亡的情形下，死者家属及受其受供养者，依法付给一次性补助金且发放供养人死亡抚恤金。

如果参与反恐怖主义的人员在反恐怖行动期间重伤而丧失劳动能力和致残，依法付给一次性补助金并发放伤残抚恤金。

如果参与反恐怖主义的人员在反恐怖行动期间负伤但未丧失劳动能力，依法付给一次性补助金。

第二十七条 优惠计算工龄

在直接实施反恐怖主义的单位服役的国家机关的军人和工作人员，发放养老金的工龄以服役一日按两日计算，而在参与实施反恐怖行动期间则以服役一日按三日计算。

被吸纳参与实施反恐怖行动的专家和其他人员，发放养老金的工龄以参与一日按三日计算。

优惠服务年限的计算，由法律确定。

六、追究参与恐怖活动和违反反恐怖主义法的责任

第二十八条 追究参与恐怖活动的责任

参与恐怖活动的人员依法追究责任。

在自愿拒绝参与恐怖活动、向相关国家机关报告这一情况并积极促进预防严重后果的产生和恐怖分子目的的实施，该人员将依法免责。

第二十九条 追究参与恐怖活动的组织的责任

根据法院判决，组织被认定为恐怖组织，即应予以取缔。

被认定为恐怖组织的组织被取缔期间，其所属财产被没收并上缴国家所有。

在乌兹别克斯坦法院认定注册于乌兹别克斯坦共和国境外的国际组织（其下属部门、分支机构、代表处）为恐怖组织的情形下，该组织（其下属部门、分支机构、代表处）在乌兹别克斯坦共和国境内的活动被禁止并将其（其下属部门、分支机构、代表处）予以取缔，而其（其下属部门、分支机构、代表处）位于乌兹别克斯坦共和国境内的所属财产予以没收并上缴国家所有。

第三十条 损害责任的免除

参与反恐怖行动的军人、专家和其他人员，免于追究在实施这一行动期间迫不得已造成损害的责任。

第三十一条 对违反反恐怖主义法的责任的追究

违反反恐怖主义法的罪犯依法追究其责任。

乌克兰反恐怖主义法

（2003年3月20日乌克兰法律）

本法旨在保护个人、国家和社会免遭恐怖主义，查明和消除恐怖主义产生的原因和条件，确定打击此种危险现象的法律和组织基础，确定执行权力机关、公民团体和组织、公职人员和独立公民在该领域内的职权和责任、协调其活动、保障因公民参与反恐怖主义而向其提供法律和社会保护的程序。

本法条不能用于追查公民在法律框架内采取行动以保护其宪法权利和自由的依据。

第一节　总则

第一条　基本术语的确定

本法下列术语所使用的含义：

恐怖主义——一种社会危险活动，包括通过劫持人质、纵火、谋杀、刑讯、恐吓民众和国家机关而有意识地、有目的地使用暴力或为达犯罪之目的蓄意侵犯其他任何无辜民众生命和健康或威胁实施犯罪行动。

恐怖袭击——以使用武器、实施爆炸、纵火或乌克兰刑法第258条规定追究责任的其他行动为形式的犯罪。当恐怖活动伴随有乌克兰刑法第112、147、258-260、443、444条和其他条款规定的犯罪时，依乌克兰刑法追究其实施责任。

技术恐怖主义——为达恐怖之目的运用核武器、化学武器、细菌武器（生物武器）和其他大规模杀伤性武器或其组件、其他危害民众健康的有害物质、电磁行动手段、计算机系统和通信网络而实施的犯罪，包括劫持、毁坏和摧毁直接或间接因这些行动创造或威胁产生紧急情况并对员工、居民和环境构成危险；为技术性事故和灾难创造条件。

恐怖活动——这种活动包括：

策划、组织、筹备和实施恐怖袭击；

为达恐怖之目的，教唆实施恐怖袭击、暴力针对自然人或组织、摧毁物质目标。

组织非法武装部队、犯罪团伙（犯罪组织）、有组织犯罪团伙以实施恐怖袭击和参与这些袭击；

招募、武装、筹备和使用恐怖分子；

宣传和散播恐怖主义思想；

资助具有明显恐怖性质的团伙（组织）或对这些团伙（组织）的其他协助。

国际恐怖主义——由恐怖组织、团伙在全球或地区范围内，包括个别国家的国家机关支持的情况下，为达确定目的而实施的，与抢夺、劫持、谋杀任何无辜民众或威胁其生命和健康、毁坏或威胁毁坏重要的国民生产目标、生命支持系统、通信，使用或威胁使用核武器、化学武器、生物武器和其他大规模杀伤性武器相关联的社会危险暴力行为。

恐怖分子——参与恐怖活动的人员。

恐怖团伙——为达实施恐怖袭击之目的，由两个及其以上人员组成的团伙。

恐怖组织——三个及其以上人员为达实施恐怖活动之目的而创建的稳定的联合体，在该框架内实施职能分配，确定这些人员在筹备和实施恐怖袭击期间必需的行为准则。如果一个组织的下属机构之一明显经整个组织的至少一个领导人（领导机关）同意实施恐怖活动，那么该组织即被确认为恐怖组织。

反恐怖主义——预防、查明、消除和最大限度降低恐怖活动后果的活动。

反恐怖行动——旨在警告、预防和消除实施具有恐怖目的的犯罪行为、解救人质、消除恐怖分子危害、最大限度降低恐怖袭击后果或其他实施具有恐怖目的犯罪的协调一致的综合性专门措施。

反恐怖主义实施区域——由反恐怖行动领导确定的地段或水区、运输工具、大楼、设施、场所和与之相邻及在其边界内实施上述行动的地域或水域。

反恐怖行动实施区域内的制度——在反恐怖行动实施期间，在其实施区域内可以采用和规定向反恐怖主义的主体提供本法确定的解救人质，保障反恐怖行动实施区域内公民安全和健康，国家权力机关、地方自治机关、企业、机构、组织正常运行必需的专门授权的特殊程序。

人质——为达迫使国家机关、企业、机构或组织或个人实施某种行动或放弃实施某种行动，作为释放被劫持和（或）被绑架人员之目的而被劫持和（或）被绑架的自然人。

第二条　反恐怖主义的法律基础

反恐怖主义的法律基础有乌克兰宪法、乌克兰刑法、本法、其他乌克兰法律、1977年欧洲反恐怖主义公约、1997年国际反恐怖主义公约、1999年国际反资助恐怖主义公约、其他同意履行乌克兰最高拉达（议会）赋予义务的乌克兰国际条约、乌克兰总统命令和指令、乌克兰内阁命令和指令，以及其他用于履行乌克兰法律的规范性法律文件。

第三条　反恐怖主义的基本原则

反恐怖主义基于以下原则：

合法性和无条件遵守人和公民的权利和自由；

为达此目的综合运用法律的、政治的、社会—经济的、信息—宣传的和其他的条件；

警告措施的优先性；

对参与恐怖活动惩处的不可避免性；

保护招致恐怖活动后果危险的人员生命和权利的优先性；

反恐怖主义公开的与非公开的方法的结合；

关于实施反恐怖行动的技术手段和战术，及其参与者构成的信息的保密性；

被吸纳实施反恐怖行动的武装力量和手段的单一领导责任制；

在反恐怖主义领域内与外国、外国执法机关和特种部门，以及与实施反恐怖主义的国际组织开展合作。

第二节 反恐怖主义的组织基础

第四条 反恐怖主义的主体

乌克兰反恐怖主义的组织及其保障，由乌克兰内阁在其职权范围内通过必要的力量、手段和资源予以实施。

中央执行权力机关在其发布的法律及其他规范性法律文件确定的职权范围内参与反恐怖主义。

在自己职权范围内直接实施反恐怖主义的主体有：

反恐怖行动的国家系统的主要机关是乌克兰安全局；

乌克兰内务部；

乌克兰国防部；

乌克兰紧急情况问题和保护居民免遭切尔诺贝利灾难后果事务部；

乌克兰国家边境保卫事务委员会；

乌克兰惩治执行国务部；

乌克兰国家保卫局；

如有必要，也可吸纳以下部门参与实施与预防、查明和消除恐怖活动相关的措施：

乌克兰外交部；

乌克兰卫生部；

乌克兰燃料和能源部；

乌克兰工业政策部；

乌克兰交通部；

乌克兰财政部；

乌克兰生态和自然资源部；

乌克兰农业政策部；

乌克兰国家海关总署；

乌克兰国家税务管理局。

在重组或重命名本条所列中央权力执行机关的情况下，如果乌克兰总统相关命令对此做出规定的话，它们在反恐怖主义领域内的职能则转归其继承者。

遵循本法要求，其他中央和地方权力执行机关、地方自治机关、企业、机构、组织（不论所有制属性和形式）、其公职人员，以及公民经其同意，可参与根据反恐怖行动领导决定的反恐怖行动。

对被纳入反恐怖主义的主体的活动的协调，由乌克兰安全局反恐中心实施。

第五条 直接实施反恐怖主义的主体的职权

乌克兰安全局通过旨在预防、查明和消除包括国际恐怖活动在内的恐怖活动的作战侦查措施以实施反恐怖主义；收集有关外国和国际恐怖组织活动的信息；在现有法律确定的职权范围内，为达获取在威胁实施恐怖袭击的情况下或实施反恐怖行动期间的事前信息之目的，在可以被恐怖分子利用的电信系统和渠道采取作战技术搜查措施；根据乌克兰法律确定的职权，通过乌克兰安全局反恐中心保障组织和实施反恐怖措施、协调反恐怖主义的主体的活动；对有关与恐怖活动相关联的犯罪案件进行审判前侦查；保障乌克兰境外机构、其工作人员及其家属的安全，使其免遭恐怖侵犯。

乌克兰内务部通过预防、查明和消除为达恐怖主义之目的的犯罪以实施反恐怖主义，此类犯罪被乌克兰法律归入内务机关的职权；向乌克兰安全局反恐中心提供必要的力量和手段；确保在实施反恐怖行动期间对它们的高效使用。

乌克兰国防部，军事管理机关，乌克兰武装力量部队各军团、各兵团、各部队保障保护乌克兰武装力量主体、位于部队或储存于某地的大规模杀伤性武器、火箭和轻武器、弹药、易爆和有毒物质免遭侵犯；在乌克兰领空、领水遭受恐怖袭击的情况下，组织和使用乌克兰武装力量陆军、空军和空防军、海军力量和手段；参与实施来自乌克兰境外国家针对军事主体及安全出现恐怖威胁的情况下的反恐怖行动。

乌克兰紧急情况问题和保护居民免遭切尔诺贝利灾难后果事务部，其下属民防事务管理机关和专门化部队、民防部队，在威胁和出现与技术型恐怖现象和其他类型恐怖主义相关联的紧急情况下采取保护居民和领土的措施；在实施反恐怖行动期间参与最大限度降低和消除这些情况所造成后果的措施，以及在恐怖袭击实施条件下，培训居民应对恐怖活动的教育和实践培训措施。

乌克兰国家边境保卫事务委员会、地方管理机关和乌克兰边防军国家边境保卫机关，通过预防、查明和消除恐怖分子企图穿越乌克兰国家边境，非法通过乌克兰国家边境转运武器与易爆、有毒、放射性物质和其他可能被用于实施恐怖袭击手段的物品以实施反恐怖主义；保障乌克兰领水和专属（海洋）经济区在实施反恐怖行动期间海运的安全；向乌克兰安全局反恐中心在乌克兰国家边境、其他位于国家边境或边境地带目标过境点境内实施反恐怖行动期间提供必要的力量和手段。

乌克兰惩治执行国务部采取预防和消除旨在针对刑事执行系统目标的具有恐怖倾向犯罪的措施。

乌克兰国家保卫局参与消除旨在针对该管理局下属机关保卫的公职人员和目标的恐怖袭击。

第六条 被纳入反恐怖主义的其他主体的职权

被纳入反恐怖主义的主体，在各自职权范围内采取预防、查明和消除恐怖袭击及具有恐怖倾向犯罪的措施；详细制定和实施预防性的、制度性的、有组织的、教育的和其他的措施；保障其管理范围目标内实施反恐怖行动的条件；在实施这些行动期间，向相关下属机关提供物质技术和财政手段、交通和通信工具、医疗设施和药品、其他手段，以及完成反恐怖主义任务必需的信息。

第七条　乌克兰安全局反恐中心

乌克兰安全局反恐中心承担以下任务：

制定反恐怖主义的概念基础和规划、旨在提高查明和消除促使恐怖袭击和其他为达恐怖之目的而实施犯罪的原因和条件而采取的有效建议；

根据规定程序收集、总结、分析和评估关于恐怖主义在乌克兰及其境外的扩散状况和趋势；

组织和实施反恐怖行动，协调从事反恐怖主义或被纳入具体的反恐怖行动的主体的活动；

组织和实施指挥参谋和特种战术的演习和训练；

参与筹备乌克兰国际条约草案，根据规定程序准备并提交有关完善乌克兰在反恐怖主义领域内立法的建议，对从事反恐怖主义的主体实施反恐怖行动，以及采取预防、查明和消除恐怖活动措施的资助；

与反恐怖主义问题方面的外国和国际组织的特种部队、执法机关相互协作。

乌克兰安全局反恐中心由跨部门协调委员会和指挥部，以及隶属于乌克兰安全局地方机关的协调小组及其指挥部构成。

乌克兰安全局反恐中心跨部门协调委员会由反恐中心主任及其副手，乌克兰内务部副国务秘书，乌克兰紧急情况问题和保护居民免遭切尔诺贝利灾难后果部副国务秘书，乌克兰武装力量总参谋部副总参谋长，乌克兰国家边境保卫事务委员会副主任，乌克兰国家保卫局副局长，乌克兰惩治执行国务部副部长，乌克兰内务部副国务秘书，乌克兰基辅市内务部管理总局局长，乌克兰内务部队司令，乌克兰基辅市安全管理局局长，基辅市国家行政机关副主席，其他中央执行权力机关副主席组成。

乌克兰安全局反恐中心条例、跨部门协调委员会全体人员的构成，由乌克兰总统根据乌克兰内阁提议予以确定。乌克兰安全局反恐中心主任，由乌克兰总统任命。

乌克兰安全局反恐中心指挥部组织完成中心委任的日常工作任务。

乌克兰安全局地方机关下属协调小组的构成，由乌克兰安全局地方机关主任，乌克兰克里米亚自治共和国内务部管理总局局长，乌克兰各州、基辅市和塞瓦斯托波尔市内务部管理总局（管理局）局长，克里米亚自治共和国紧急情况问题和居民国内保护相关机关的主任，各州、基辅市、塞瓦斯托波尔市、乌克兰边防军所在地区国家行政机关主任，国家保卫局——其指挥官、局长，以及其他地方权力执行机关、企业、机构、组织的代表组成。

乌克兰安全局地方机关协调小组相应地由乌克兰克里米亚自治共和国安全管理总局局长，乌克兰各州、基辅市和塞瓦斯托波尔市安全管理局局长组成。

乌克兰安全局地方机关协调小组的构成相应地由克里米亚自治共和国部长会议、州国家行政机关主席、基辅执行机关主席或塞瓦斯托波尔市会议主席确定。

协调小组的组织保障工作由乌克兰安全局地方机关实施。

乌克兰安全局反恐中心由乌克兰国家预算单独规定的资金予以负担。

第八条 直接反恐怖主义的主体的相互关系

根据本法，直接实施反恐怖主义的主体有义务：

（1）相互协助以消除参与包括国际恐怖主义在内的恐怖人员的犯罪活动，资助、支持或实施恐怖袭击和为达恐怖之目的而实施的犯罪。

（2）实施关于以下方面的信息交换：

恐怖团伙（恐怖组织）掌握或出现掌握武器、易爆物质、其他大规模杀伤性武器的威胁；

乌克兰公民、外国人和无国籍人士为达实施恐怖袭击之目的穿越其国境；

旅客中发现有权乘城际和国际交通运输工具通行的带有伪造特征的通行证；

恐怖分子、恐怖团伙或恐怖组织使用或威胁使用通信和通信技术手段；

（3）协助保障有效的边界监控、个人身份确认证件发放和通行证的监控以防止证件伪造、仿制或非法使用。

（4）预防恐怖分子、恐怖团伙或恐怖组织，以及被怀疑实施恐怖袭击或参与国际恐怖团伙组织的人员行动或迁移。

（5）制止外国人（有资料显示他们参与国际恐怖团伙或组织），实施穿越乌克兰领土国境的企图。

第九条 协助实施反恐怖主义的机关

乌克兰国家权力机关、地方自治机关、公民联合体、组织及其公职人员有责任向实施反恐怖主义的机关提供协助，报告他们所知道的关于恐怖活动或任何其他有关可能促成预防、查明和消除恐怖活动，以及最大限度降低恐怖活动所造成的后果状况的信息的资料。

第三节 实施反恐怖行动

第十条 实施反恐怖行动的条件

反恐怖行动只有在公民的生命和安全、社会或国家利益存在现实威胁且这种威胁无法用其他方法消除的情况下予以实施。

第十一条 关于实施反恐怖行动的决定

关于实施反恐怖行动的决定由乌克兰安全局反恐中心主任根据恐怖袭击的社会危险程度，经乌克兰安全局局长书面同意或乌克兰安全局相关地方机关协调小组组长与乌克兰安全局反恐中心主任书面同意，与乌克兰安全局局长协同一致予以通过。有关实施反恐怖行动的决定将立即上报乌克兰总统。

乌克兰安全局反恐中心在以下情况下实施反恐怖行动：

恐怖袭击威胁到许多人的生命或其他严重后果或如果它的实施同时发生在若干个州、地区或城市境内的；

与实施或威胁实施恐怖袭击相关联的状况，对于其出现和进一步发展的原因和状况不明确的；

恐怖袭击的实施触犯乌克兰的国际利益及其与外国的关系的；

对实施具有恐怖袭击特征的行为做出的反应，处在不同执法机关和其他权力机关的职权管辖范围内的；

非常明显没有可能通过某一地区执法机关和地方权力机关的力量预防或消除恐怖袭击的。

在其他一些情况之下，根据与乌克兰安全局反恐中心的协同一致，由乌克兰安全局相关地方机关协调小组或权力执行机关根据其职权独立自主地实施。

第十二条 反恐怖行动的管理

为直接管理具体的反恐怖行动和领导被纳入实施反恐怖措施的力量及手段，创建由乌克兰安全局反恐中心（乌克兰安全局相关地方机关协调小组）主任或其副手领导的作战指挥部。

有关管理反恐怖行动的作战指挥部活动的程序，在乌克兰内阁确定的关于该程序的条例基础上予以确定。

作战指挥部领导人确定实施反恐怖行动的区域边界，批准有关使用被纳入实施该行动的力量和手段的决定，如有必要，依据法律规定的理由向乌克兰国家安全和国防委员会提交审议有关在乌克兰或其个别地区采取紧急状态的建议。

不容许任何人（不论职务）干预反恐怖行动的作战管理。

反恐怖行动参与者的合法要求对公民和公职人员是强制性的。

第十三条 被纳入实施反恐怖行动的力量和手段

根据本法第十二条第2部分所述条例规定的程序，在实施反恐怖行动时使用反恐怖主义的主体的，以及被纳入参与反恐怖行动的企业、机构、组织的力量和手段（个人、专家、武器、专门工具和运输工具、通信工具、其他物质技术手段），依法补偿因实施反恐怖行动而造成的开支和损害。

执法机关工作人员、被纳入反恐怖行动的军人和其他人员，在实施反恐怖行动期间隶属作战指挥部管辖。

第十四条 反恐怖行动实施区域内的制度

在反恐怖行动实施区域内实施反恐怖行动期间可确定专门程序，包括组织巡逻保卫服务和实施包围。

经作战指挥部领导人的许可，未被纳入实施反恐怖行动的人员容许在反恐怖行动实施区域内逗留。

经与处于反恐怖行动实施区域内的企业、机构和组织领导的协同一致，其在反恐怖行动实施期间的工作可以部分或全部中止。这些企业、机构和组织的相关专家在反恐怖行动实施期间可以按规定程序，经他们同意，可参考执行完成个别任务。

第十五条　反恐怖行动实施区域内的人员的权利

在反恐怖行动实施区域内，被纳入行动的公职人员有权：

（1）依乌克兰法律，使用武器和专门工具。

（2）扣留并向内务机关移交已实施或正在实施违法行为或其他妨碍执行参与反恐怖行动人员提出的合法要求的其他行为，或未经允许企图潜入反恐怖行动实施区域内和妨碍实施反恐怖行动的行为的人员。

（3）查验公民和公职人员证件以确认个人身份，如无证件则将其扣留以确认个人身份。

（4）在反恐怖行动实施区域内查验公民个人身份、随身携带物品、运输工具及所载物品。

（5）临时限制或禁止街道和公路上的运输工具和行人的行动，不容许运输工具，包括外交代表机关和领事机构的运输工具，以及个别地段的公民和设施，从个别地段和设施将公民运出，将运输工具拖离。

（6）在制止恐怖袭击和追缉被怀疑实施此种袭击的人员期间，如果延误会造成民众生命或健康的现实威胁的话，则可进入（潜入）住宅和其他场所、属于公民的地段、企业、机构和组织的领地和场所，查验运输工具。

（7）为达公务之目的，使用属于公民（经其同意）、企业、机构和组织的包括专业工具在内的通信工具和运输工具，不包括外交、领事和其他外国及国际组织代表处的运输工具，以预防恐怖袭击、追缉或拘捕被怀疑实施恐怖袭击的人员，或将需要紧急救助的人员送往医疗机构，以及前往犯罪地点。

在反恐怖行动实施区域内，与大众媒体代表的联系由作战指挥部领导人或其委任的人员进行。本条所规定的措施将遵循现有法律予以实施，并在反恐怖行动结束后立即终止。

第十六条 与恐怖分子进行谈判的条件

在反恐怖行动实施期间，为达维护民众的生命和健康、物质财产、说服恐怖分子放弃违法行为、向其施加限制性影响、查明终止恐怖袭击可能性之目的，容许与恐怖分子进行谈判。

谈判由作战指挥部专门为此委任的人员进行。

如果与恐怖分子谈判之目的因其不同意终止恐怖袭击且保持着对人的生命和健康的现实威胁而无法达到，那么反恐怖行动领导人有权决定清除恐怖分子的危害。

如果具有明显的针对目标或人员而实施恐怖袭击的威胁和通过其他合法途径无法清除这种威胁的情况下，可以根据作战指挥部领导人的命令无须事先警告清除恐怖分子的危害。

谈判期间不能将有关向恐怖分子交出任何人、可能直接被用以实施技术性恐怖袭击的目标和物质问题作为终止恐怖袭击的条件。

第十七条 让公众知情恐怖袭击

让公众知情有关恐怖袭击的实施，由作战指挥部领导人或其任命的与舆论保持联系的人员进行。

禁止通过大众媒体或通过其他途径传播以下信息：

暴露实施反恐怖行动的专门技术手段和战术；

能使反恐怖行动的实施变得复杂和（或）危及人质及其他处在上述行动实施区域内或区域外的人员的生命和健康；

目的旨在宣传或为恐怖主义辩护，包含有对抗或号召对抗实施反恐怖行动的人员的主张；

保护直接被用于实施技术性恐怖袭击的目标和物质的数据；

暴露参与实施反恐怖行动专业单位工作人员构成和作战指挥部成员，以及促进实施上述行动的人员（未经其同意）的数据。

第十八条 反恐怖行动的结束

如果恐怖袭击被终止，以及人质和其他处于反恐怖行动区域内的人员的生命和健康威胁被消除，则反恐怖行动即告结束。

关于反恐怖行动终止的决定由领导这次行动的作战指挥部领导人通过。

在反恐怖行动实施期间，作战指挥部领导人会同相关执行权力机关和地方自治机关组织援助受害者，确定消除和最大限度降低恐怖袭击所造成的后果的措施，组织其实施。

第四节　补偿因恐怖袭击造成的损害 对恐怖袭击受害者进行社会康复

第十九条　补偿因恐怖袭击造成的损害

对因恐怖袭击造成公民损害的补偿，依法由乌克兰国家预算资金承担，随后依据法定程序从施害者追偿这一补偿金额。

对因恐怖袭击造成组织、企业或机构损害的补偿，依法定程序予以实施。

第二十条　对恐怖袭击受害者进行社会康复

为达使恐怖袭击受害者返回正常生活而对其进行社会康复。如有必要，将对上述人员提供心理的、医疗的、职业的康复及法律的援助和提供住宅并实现其就业。

对恐怖袭击受害者，以及本法第二十一条所述人员，由乌克兰国家预算资金承担进行社会康复。

对恐怖袭击受害者进行社会康复的程序由乌克兰内阁确定。

第五节　参与反恐怖主义的人员的法律和社会保护

第二十一条　应受法律和社会保护的人员

参与反恐怖主义的人员受国家保护。应受法律和社会保护的有：

(1) 直接参与（已参与）反恐怖行动的中央和地方执行权力机关的军人、工作人员和服务人员。

（2）长期或临时协助实施反恐怖主义机关预防、查明、消除恐怖活动和最大限度降低其造成的后果的人员。

（3）本条第1和2款所述人员家属，如果上述人员参与反恐怖主义使得有必要对其加以保护的话。

参与反恐怖主义的人员的社会保护，依法定程序予以实施。

如果参与反恐怖主义的人员在实施反恐怖行动期间死亡，其家属和受其供养的人员将获得由国家预算资金支付的金额为最低生活费二十倍的一次性补助金，补偿死者丧葬费，发放抚恤金，并保留死者的住房、市政住房公用设施费用等等方面享有的优待。

如果参与反恐怖主义的人员在实施反恐怖行动期间因伤致残，由乌克兰国家预算资金承担支付其金额为最低生活费十倍的一次性补助金，并依乌克兰法律发放抚恤金。

如果参与反恐怖主义的人员在实施反恐怖行动期间因伤未残，他将获得金额为最低生活费五倍的一次性补助金。

第二十二条 造成损害的责任免除

如果在实施反恐怖行动期间被迫造成恐怖分子的生命、健康和财产的损害，参与反恐怖行动的军人和其他人员依乌克兰法律免于对此损害追究责任。

第六节 追究参与恐怖活动的责任

第二十三条 追究犯有恐怖活动罪的人员的责任

犯有恐怖活动罪的人员，依法定程序追究刑事责任。

不服从或抗拒参与实施反恐怖行动的军人、公职人员的合法要求，非法干涉其合法的活动将依法追究责任。

第二十四条 追究参与恐怖活动的组织的责任

因实施恐怖袭击被追究责任和根据法院判决被确认为恐怖组织的组织，应予取缔，其所属财产应予没收。

在乌克兰法院，包括根据其国际法义务确认注册于乌克兰境外的组织（其下属机构、分支、代表处）的活动为恐怖活动的，该组织在乌克兰境内的活动即被禁止，其乌克兰下属机构（分支、代表处）依法院判决予以取缔，其所属财产和身处乌克兰境内的上述组织的财产予以没收。

关于组织因恐怖活动被追究责任的声明，分别由乌克兰总检察院，克里米亚自治共和国，各州、基辅市和塞瓦斯托波尔市检察院依法定程序提交法院。

第二十五条 追究协助恐怖活动的责任

企业、机构和组织的领导人和公职人员，以及公民向恐怖活动提供以下协助的：

（1）资助恐怖分子、恐怖团伙（恐怖组织）。

（2）提供或收集资金直接或间接意图用以实施恐怖袭击或具有恐怖倾向的犯罪。

（3）利用以下自然人或法人的资金或其他资产实施行动的：

实施或企图实施恐怖袭击或具有恐怖倾向犯罪或参与实施恐怖袭击或协助实施恐怖袭击的自然人的；

财产直接或间接处于恐怖分子或协助恐怖主义的人员的占有或控制之下的法人的；

以恐怖分子或协助恐怖主义的人员的名义或恐怖分子的指令从事活动的法人和自然人的，其中包括利用直接或间接处于协助恐怖主义的人员的，或与之相关联的法人和自然人的占有或控制之下的财产而获得或攫取的资金的。

（4）提供资金、其他资产或经济资源直接或间接用于有利于实施恐怖袭击或协助或参与实施恐怖袭击的自然人，或有利于财产直接或间接处于恐怖分子或协助恐怖主义的人员占有或控制之下的法人，以及有利于以上述人员的名义或指令从事活动的法人和自然人的相关服务的。

（5）向参与实施恐怖袭击的人员提供帮助的。

（6）招募自然人从事恐怖活动，协助恐怖分子确定武器供应渠道和过境乌克兰国家边境移送恐怖分子的。

（7）窝藏资助、策划、支持或实施恐怖袭击或具有恐怖倾向的犯罪的人员的。

（8）利用乌克兰领土以筹备或实施恐怖袭击或具有恐怖倾向的犯罪反对其他国家或外国人的——依法追究责任。

第七节　乌克兰在反恐怖主义领域内的国际合作

第二十六条　反恐怖主义领域内的国际合作基础

乌克兰依据其所签订的国际条约在反恐怖主义领域内与外国、外国执法机关和特种部门，以及实施反国际恐怖主义的国际组织开展合作。

从保障个人、社会和国家安全利益出发，乌克兰在自己境内追缉参与恐怖活动的人员，包括恐怖袭击或具有恐怖倾向的犯罪是在乌克兰境外策划或实施但给乌克兰带来损害的这样一种情况，以及在乌克兰最高拉达（议会）同意承担义务的乌克兰国际条约规定的另外一种情况。

第二十七条　信息的提供

乌克兰应外国请求，秉持乌克兰的法律要求及其所承担的国际法义务，向其提供有关与反国际恐怖活动相关联的问题的信息。此类信息无须外国事前请求即可提供，如果这不损害案件审理的前侦查或审理且可以帮助外国主管机关制止恐怖袭击的话。

第二十八条　参与外国反恐怖主义的共同措施

乌克兰依据乌克兰最高拉达（议会）同意承担义务的国际条约，可通过协助外国或国家间联合体重新部署军队（力量）、专门反恐怖部队、武器运输等方式或遵循乌克兰《关于向其他国家派遣乌克兰武装力量的条例》和《其他国家武装力量逗留乌克兰领土的许可和条件的条例》等法律的要求的通过提供自己的力量和手段的方式参与共同的反恐怖措施。

第二十九条　移交（引渡）参与恐怖活动的人员

不常住乌克兰的外国人或无国籍人士参与恐怖活动可作为向另一国引渡这些人员以追究刑事责任的理由。

为达追究刑事责任和执行外国强制性文件，本条第1部分所述人员的引渡，将依据法律和乌克兰批准的《1957年欧洲引渡罪犯公约》《1977年欧洲反恐怖主义公约》及其他由乌克兰最高拉达同意承担义务的国际条约所承担的义务予以实施。

第八节　控制和监督反恐怖主义的合法性

第三十条　对反恐怖主义实施的控制

对反恐怖主义立法遵守的控制，根据乌克兰宪法规定的程序，由乌克兰最高拉达（议会）予以实施。

对反恐怖主义主体活动的控制，根据乌克兰宪法和法律规定的程序，由乌克兰总统和乌克兰内阁予以实施。

第三十一条　对反恐怖主义实施合法性的监督

对参与反恐怖措施的机关遵守立法要求的监督，由乌克兰总检察院及其委任的检察院根据乌克兰法律规定的程序予以实施。

第九节　总结

（1）本法自正式颁布之日起生效。

（2）内阁在本法生效之日起三个月内：

通过本法规定的规范性文件；

使规范性文件与本法相符合；

保证各部委和其他中央权力执行机关修改和废止其他与本法相违背的规范性法律文件。

格鲁吉亚反恐怖主义法

第一章　总则

本法确定格鲁吉亚反恐怖主义的组织形式和法律基础，以及协调反恐怖主义领域权力机关的程序，社会团体、组织、公务人员和公民参与反恐怖主义的根据，他们的权利、义务和社会保护保障。

第一条　术语解释

本法所使用的术语有以下含义：

1.恐怖主义——针对自然人和法人使用暴力或威胁使用暴力，使用武器、爆炸物、核物质、化学物质、生物物质或其他对人的生命和健康有危险的物质，或劫持人员或将其绑架作为人质以达迫使当局或某个政权机关或国际组织实施某些行为或放弃实施某些行为，以满足恐怖分子违法利益而摧毁、损害或威胁摧毁、损害建筑物、设施、交通工具、通信及其他物质目标。

2.恐怖袭击——爆炸，纵火，对人实施攻击，使用武器或采取对人造成死亡危险的其他行为，为达恐怖目的造成巨大财产损害或其他严重后果的攻击，或威胁实行恐怖袭击。（2013年11月27日第1640号）

恐怖目的——恐吓居民或迫使权力机关、外国或国际组织的权力机关实行或不实行这种或那种行动，或者动摇或摧毁国家/外国/国际组织的基本政治、宪法、经济或社会等结构。（2013年11月27日第1640号）

3.恐怖活动——格鲁吉亚刑法第三十八章确定追究责任的活动。

4.国际恐怖主义——由以下人员实施的恐怖活动：

（1）恐怖分子、恐怖团伙或恐怖组织在外国（多国）领土上或给外国（多国）造成损害。

（2）一国公民针对另一国公民。

（3）在恐怖分子和恐怖主义受害者是同一国家或不同国家公民，但恐怖袭击是在这些国家领土以外实行的情况。

5.恐怖分子——参加恐怖活动的人员。

6.恐怖团伙——两人或两人以上为达实施恐怖活动（恐怖袭击）目的的团体。

7.恐怖组织——为达实施恐怖活动目的而创建的组织（不论其形式）。组织被视为恐怖组织，是在这样一种情况下——两人以上在某个时间之内的有组织团体。该有组织团体被认为是这样的团体，即它并非为了即时实施犯罪而偶然创立的团体，且团体各成员之间在团体内不一定存在正式的职能分配、成员资格的持续性或成型的发达结构。（2013年11月27日第1640号）

8.人质——为达强迫当局、社会组织、国家政治公务人员或其他人员实施某种行动或放弃实施某种行动作为释放被抓捕人员之目的而劫持的自然人。

9.反恐怖主义——旨在查明、预防、消除恐怖活动的活动和最大限度降低其可能产生的后果。

10.反恐怖行动——旨在预防和消除恐怖主义性质犯罪的行动、保障人的安全、消除恐怖分子损害和最大限度降低恐怖袭击或（和）其他因恐怖主义目的而实施的犯罪可能产生的后果的专业综合措施。

11.安全区域——反恐怖主义主体积极和密集行动的区域。

12.开展反恐怖行动区域——在地域或水域、交通工具、建筑物、设施、机关及与之相邻的陆域、海域和空域范围内开展上述活动的个别地段。

13.开展反恐怖主义行动区域内的制度——在开展反恐怖行动期间，临时确定的紧急条例，该条例规定给反恐怖主义的主体提供法律确定的释放人质，保障人的生命和健康，国家政权和地方自治机关、机构、企业和组织正常运行的专门职权。

第二条 反恐怖主义的法律基础

格鲁吉亚反恐怖主义的法律基础构成有：格鲁吉亚国际条约和协议、格鲁吉亚法律，包括本法及其他标准文件。

第三条 反恐怖主义的基本原则

格鲁吉亚反恐怖主义的基本原则是：

（1）合法性；

（2）保护和尊重自然人和法人的权利和自由；

（3）反恐怖主义时保障人的生命和健康安全的优先性；

（4）实施先发制人措施的优先性；

（5）综合使用法律的、政策的、社会-经济的、宣传的、情报的信息和其他条件；

（6）为达防止恐怖主义性质犯罪可能造成的后果，与恐怖分子进行谈判；

（7）对在反恐怖行动中启用的力量和手段进行领导的单一首长制；

（8）不允许泄露开展反恐怖行动所使用的战术和技术手段，以及上述行动参与者的构成信息；

（9）对恐怖活动惩处的不可避免性。

第二章 反恐怖主义的组织基础

第四条 实施反恐怖主义的主体

1. 格鲁吉亚反恐怖主义的组织、保障其实施的专业手段和物质资源，由格鲁吉亚政府实施。

2. 反恐怖主义直接由以下主体实施：

（1）格鲁吉亚国家安全局是反恐怖主义国家统一体系的最重要机关；（2015年7月8日第3960号）

（2）格鲁吉亚国防部；

（3）格鲁吉亚情报局；（2010年4月27日第2991号）

（4）格鲁吉亚国家特种保卫局。

3. 国家其他权力机关，在其职权范围内，依格鲁吉亚法律规定的程序，参与反恐怖主义。

第五条 直接实施反恐怖主义的主体的职权

1. 格鲁吉亚国家安全局是实施反恐怖主义的最重要机关：通过使用旨在查明、预防和消除恐怖活动的专门（作战、作战技术）和作战侦查措施；通过查明、预防和消除为达恐怖之目的而实施的犯罪，对该犯罪的侦查亦属其职权范围。格鲁吉亚国家安全局：对外国和国际恐怖组织活动的情报信息进行收集和分类整理；在格鲁吉亚国家安全局反恐怖主义中心的协助下对反恐怖主义各主体的活动进行协调；该中心直接保障反恐怖措施的实施。在开展反恐怖行动期间，格鲁吉亚国家安全局其他下属机构分配必需的力量和手段并保障对这些力量和手段的有效使用。（2015年7月8日第3960号）

2. 格鲁吉亚国防部保障保护军队所拥有的，或保存于某些地方的武器、弹药、爆炸物和有毒物；在格鲁吉亚空域遭受恐怖袭击的情况下，组织准备和使用格鲁吉亚武装力量陆军下属机构；参与在军事设施进行的反恐怖行动。（2010年4月27日第3022号）

3. 格鲁吉亚情报局获取、制定和根据既定程序向规定的机关提供活动于格鲁吉亚境外的外国和国际恐怖组织的情报信息，在其职权范围内参与反恐怖行动。（2010年4月27日第2991号）

4. 格鲁吉亚国家特种保卫局参加消除旨在反对公职人员和属于其职权保护目标的恐怖袭击的行动。

第六条 参与反恐怖主义的其他主体的职权

参与反恐怖主义的其他主体，在其职权范围内：实施旨在查明、预防和消除恐怖袭击和其他恐怖主义性质犯罪的措施，制定和实施预防的、制度的、组织的和其他的措施；保障在属于其管理范围内的设施进行反恐怖行动的条件；在进行这些行动期间，向相关单位提供物质技术、金融、交通工具、通信工具、医疗设施和药品，保障向其提供反恐怖主义和完成既定任务必需的情报信息及其他手段。

第三章 对恐怖活动造成的极端情况的管理和反恐怖行动的开展

第七条 对恐怖活动造成的极端情况的管理（2013年9月20日第1266号）

1. 在恐怖活动造成的极端情况中，依格鲁吉亚政府指令创建由格鲁吉亚国家安全局局长领导的极端情况管理作战指挥部。（2015年7月8日第3960号）

2. 极端情况管理作战指挥部的活动的组织和实施程序，由格鲁吉亚政府确定。

第八条 开展反恐怖主义的力量和工具

1. 为达消除恐怖袭击之目的，为开展反恐怖行动，极端情况管理作战指挥部有权吸收执行权力机关和地方自治机关的必需力量和手段。执行权力机关根据格鲁吉亚法律规定的程序，分配开展反恐怖行动必需的设备、专业工具、交通工具、通信工具及其他物质工具。

2. 根据恐怖主义性质的犯罪和恐怖分子个人特征的具体状况，确定使用武器、专业工具和人身强制的强度。

第九条 对反恐怖行动的领导

1. 自反恐怖行动始，所有参加反恐怖行动的人员，均归极端情况管理作战指挥部领导人领导。

2. 极端情况管理作战指挥部领导人的副手，作为反恐怖行动领导人，确定开展反恐怖行动区域的边界，通过使用开展行动所需力量和手段的决定。

3. 不允许其他任何人对反恐怖行动的领导行动进行干涉。

第十条 开展反恐怖行动区域内的法律制度

1. 在实施反恐怖措施期间，创建具有特殊法律制度的两个区域——安全区域和开展反恐怖行动区域。

2. 创建两个区域的决定，由格鲁吉亚国家安全局局长，即极端情况管理作战指挥部领导人通过。上述决定即时通报格鲁吉亚政府、格鲁吉亚议会、地方自治机关，且由大众媒体即时予以公布。（2015年7月8日第3960号）

3. 安全区域指的是反恐怖主义的主体根据格鲁吉亚法律规定的程序享有以下临时权力的领土：

（1）为达检查汽车运输工具之目的设立岗哨；

（2）开展巡逻和查验公民的个人身份证件。

4. 开展反恐怖行动区域指的是反恐怖行动直接开展的所在领土。

5. 在开展反恐怖行动区域内行动的人员，在不可拖延的必要情况下，根据格鲁吉亚法律规定的程序，享有以下权力：

（1）在反恐怖行动结束之前，采取措施临时限制或禁止行人和汽车运输工具在街道行动；

（2）为达确认个人身份之目的，查验公民的个人身份证件；

（3）在消除恐怖袭击或追查被控实施恐怖袭击人员期间，延误会给人的生命和健康造成现实威胁之时：无障碍进入（深入）公民住宅，以及属于公民的其他场所和地段、组织和机构的领地和交通工具（不论所有制形式）；使用属于公民和组织的通信工具，包括专业工具；查验个人物品、交通工具和公民行李，包括在开展反恐怖行动区域的入口和离开该区域的出口使用技术工具；（2010年9月24日第3619号）

（4）为达预防恐怖袭击，追捕和扣留实施恐怖袭击者，或将人员送往医疗机构以进行医疗救护，以及抵达事故发生地使用属于公民、企业、机构、组织和社会团体的交通工具，不包括外国领事馆、外交和国际组织，以及处于国际保护之下的其他组织的交通工具。

6. 在安全区域和开展反恐怖行动区域，反恐怖主义的主体在其职权范围内实施格鲁吉亚法律规定的其他职权。

第十一条　使用专业手段或（和）身体强迫的权力

参与反恐怖行动的人员，有权根据格鲁吉亚法律规定的程序，使用专业手段或（和）身体强迫，以保障对个人安全和公民安全的保护、制止犯罪或扣留犯罪人员，如果不使用这些手段和权力就不可能保障执行法律规定的给参与反恐怖行动人员的保证。

第十二条　与恐怖分子进行谈判

1. 在开展反恐怖行动期间，为达保护人的生命和健康、保护物质财产，以及保障消除恐怖袭击条件之目的，在不使用武力手段的情况下，根据格鲁吉亚规定的程序允许与恐怖分子进行谈判。

2. 反恐怖行动领导人允许只有专门被授权与恐怖分子进行谈判的人员进行谈判。

第十三条　向居民告知恐怖袭击的信息

1. 在开展反恐怖行动期间，在大众媒体的协助下或以其他对于居民而言所允许的形式，对居民告知恐怖袭击的信息。反恐怖行动领导人确定与格鲁吉亚《国家秘密法》相符合的信息的范围。泄露国家机密，将按格鲁吉亚法律规定的程序，追究责任。

2. 在开展反恐怖行动区域，限制电视、广播移动站存在或（和）大众媒体记者逗留，极端情况管理作战指挥部通过该限制的决定。

第十四条　反恐怖行动的结束

1. 在恐怖袭击最终被消除和对处于开展反恐怖行动区域内人员的生命和健康威胁解除之时，反恐怖行动即被视为结束。

2. 反恐怖行动领导人通过决定宣布反恐怖行动结束，通过大众媒体以居民可以接受的其他形式，立即向居民予以通告。

第四章　对恐怖袭击造成的损害的补偿和受害者的社会康复

第十五条　对因恐怖袭击或因消除恐怖袭击给自然人和法人造成的损害的补偿

1. 对因恐怖袭击或因消除恐怖袭击给自然人和法人造成的损害，根据格鲁吉亚法律规定的程序，由格鲁吉亚国家预算予以补偿。

2. 对因恐怖袭击或因消除恐怖袭击给法人造成的损害，由格鲁吉亚法律规定的程序予以补偿。

第十六条　恐怖袭击受害者的社会康复

1. 恐怖袭击受害者，以及本法第十七条所指人员的社会康复，由格鲁吉亚国家预算予以实施。

2. 恐怖袭击受害者的社会康复的程序，由格鲁吉亚政府确定。（2013年9月20日第1266号）

第五章　对参加反恐怖主义人员的法律和社会保护

第十七条　参加反恐怖主义应受法律和社会保护的人员

1. 参加反恐怖主义的人员，受国家保护。

2. 以下人员应受到法律和社会保护：

（1）直接参加反恐怖行动的执行权力机关的职员、工作人员和专家；

（2）临时或长期与反恐怖主义的主体合作和在查明、消除恐怖活动并最大限度降低其可能造成的后果方面给予协助的人员；

（3）本款（1）和（2）子款所指人员的家属，如果因参加反恐怖主义而必须对其实施保护的话。

3. 在开展上述行动期间，根据格鲁吉亚法律规定的程序，参加反恐怖主义的人员，即反恐怖行动的参加者，如果其受伤（如果其阵亡，给予其家庭）给予补偿。

第六章　追究参加恐怖主义的责任

第十八条　追究参加恐怖主义的责任

参加恐怖主义的人员，依据格鲁吉亚刑法规定的程序予以惩处。在开展反恐怖行动期间，不服从公职人员的合法要求或对抗，以及非法干涉其合法活动的人员，将追究格鲁吉亚法律规定的责任。

第十九条 追究实施恐怖活动的组织的责任

1.法院认定的恐怖组织及对实施恐怖袭击负责的组织，依据格鲁吉亚法律规定的程序追究责任。

2.认定一个组织为恐怖组织的声明，根据格鲁吉亚法律规定的程序，由格鲁吉亚总检察长确定的专门全权检察官提交给法院。（2008年11月1日第465号）

第七章 格鲁吉亚在反恐怖主义领域的国际合作

第二十条 在反恐怖主义领域的国际合作的基础

根据国际条约和协议，格鲁吉亚在反恐怖主义领域与外国、其执法机关、法院和特种机关，以及实施国际反恐怖主义的国际组织开展合作。

第二十一条 情报信息的提供

根据格鲁吉亚法律的要求和国际条约及协议所规定的义务，格鲁吉亚向外国提供国际恐怖主义的情报信息。

第二十二条 参加恐怖活动的人员的移交（引渡）

1.非格鲁吉亚长居的恐怖活动的参加者、外国公民或（和）无国籍人士，为追究其刑事责任，将移交给外国。

2.本条第1款所述人员之移交，旨在追究其刑事责任、保障完成国际条约和协议所规定的义务。

第八章 对反恐怖主义合法性的控制和监督

第二十三条 议会和政府的控制

1.议会和政府对反恐怖主义的控制形式，由格鲁吉亚法律确定。（2013年9月20日第1266号）

2.根据格鲁吉亚法律规定的程序，格鲁吉亚议会成员可以获取受法律保护的反恐怖主义的情报信息。

第二十四条 检察监督（2008年11月1日第465号）

在反恐怖主义期间，对准确和统一执行格鲁吉亚法律的监督，由格鲁吉亚总检察长和格鲁吉亚法律确定的专门全权检察官实施。

第二十五条 反恐怖主义的预算监督（2012年6月22日第6550号）

对使用和支出格鲁吉亚用于反恐怖主义而划拨的国家预算资金及其他国家物质财产的监督，由国家审计专门小组（其成员可以接触国家机密）领导。

第九章 过渡条款和尾则

第二十六条 过渡条款（2013年9月20日第1266号）

1. 格鲁吉亚政府在2014年4月1日之前保障通过以下规范性文件：

（1）《国内反恐怖活动的组织和反恐怖主义的主体活动的协调的办法》；

（2）《参加反恐怖行动的人员和恐怖袭击受害者的社会康复的办法》；

（3）《恐怖袭击受害者的社会康复的办法》；

（4）《关于极端紧急情况管理作战指挥部的组织和活动的办法》。

2. 在本条第一款所规定的、格鲁吉亚政府通过的规范性文件生效之前，以本法为基础颁布的格鲁吉亚总统令仍然保持司法效力。

第二十七条 尾则

本法一经颁布即告生效。

格鲁吉亚总统

第比利斯

米哈伊尔·萨卡什维利

2007年6月27日

第5071-вс号